D1670355

Wladimir Lindenberg/Alfred Scharwächter

Ich heiratete
eine Russin

Johannes Kiefel Verlag
Wuppertal-Barmen

© 1970 Johannes Kiefel Verlag, Wuppertal-Barmen
Umschlaggrafik: Conny Siebert, Lage
Satz und Druck: Aussaat-Druckerei, Wuppertal
Illustrationen: Emmy-Claire Haag, Stuttgart
Einband: Verlagsbuchbinderei W. Berenbrock, Wuppertal
ISBN 3 7811 0018 9

Alfred begegnet Wera und Bobik

Die Sommerschulferien waren vorbei. Lärmend setzten sich die Schüler auf die abgeschabten Bänke, in die ihre Väter und Vorväter bereits ihre Namen und andere wichtige Mitteilungen eingeritzt hatten. Die Oberrealschule, ein kastenförmiger Bau aus der letzten Hälfte des neunzehnten Jahrhunderts, lag auf dem Berg über der malerischen Industriestadt im Bergischen Land. Irgendein Witzbold hatte an die Wandtafel das Porträt des Französischlehrers gezeichnet, der sich mit seiner großen, scharfen Nase für eine Karikatur geradezu anbot. Ein Schüler klappte die Tür zu und rief: „Er kommt!" dann riß er sie wieder auf und ließ den Lehrer herein. Alle standen geräuschvoll auf und setzten sich wieder. Der Lehrer erblickte die Karikatur, sah streng jeden einzelnen Schüler an, in der Erwartung, daß der freche Zeichner seinem Blick nicht standhalten würde.

In diesem Augenblick öffnete sich die Tür, und der beleibte Direktor kam herein. An seiner rechten Seite ging ein schmächtiger junger Mann mit schmalem Gesicht, blauen Augen und blondem Haar. Er machte einen traurigen Eindruck. Der Direktor hatte seine Hand auf die Schulter des Jungen gelegt, und es sah so aus, als ob diese väterliche Hand den jungen Mann schwer belastete.

„Hört gut zu! Hier bringe ich euch einen neuen Kameraden, Bobik Tarletzki. Seid freundlich zu ihm, er ist Russe und kommt aus Moskau, dort hat er während der Revolution sehr viel Schweres durchgemacht. Es wird ihm nicht leicht fallen, sich bei uns einzuleben. Bitte, helft ihm dabei!"

Der Direktor sah sich nach einem freien Platz um. Alfred Scharwächter hob ungeduldig die Hand und wies auf den unbesetzten Platz in seiner Bank. Er wollte gerne Bekanntschaft und vielleicht Freundschaft mit dem Fremdling schließen. Alle Schüler seiner Klasse waren aus der Stadt oder den umliegenden Dörfern. Ausländer gab es in der Oberschule der Kleinstadt nicht.

Der siebzehnjährige Alfred war der Sohn eines Remscheider Fabrikanten, er war begeisterter Fußballer und spielte in der Liga mit. Er war groß und stark und ein fröhlicher, zuverlässiger Freund und Kamerad, darum war er bei Schülern und Lehrern beliebt.

Es war das vierte Kriegsjahr, und einige Jungen waren schon von der Schulbank ins Feld eingezogen worden, die meisten jungen Lehrer waren im Krieg und einige bereits gefallen. Es blieben nur ältere Lehrer übrig, denen man ihre Müdigkeit anmerkte. Die Schüler waren oft undiszipliniert und frech. Nur ein junger Lehrer, Dr. Lipps, erfreute sich allgemeiner Beliebtheit, er war Freund der Schüler, und sie wagten es, mit ihren Kümmernissen zu ihm zu kommen. Eines Tages, schon Monate bevor Bobik Tarletzki in die Klasse kam, schlug er seinen Schülern vor, eine Arbeitsgemeinschaft über russische Literatur zu gründen. Die meisten Schüler entrüsteten sich: man stand doch im Krieg mit Rußland! Aber Doktor Lipps erklärte ihnen: „Das bedeutet doch nicht, daß wir uns nur auf unsere eigene Kultur beschränken dürfen. Kultur ist Allgemeingut, und wir sollen trotz der Kriege, die ja nicht wir anzetteln, alle großen Menschen und Künstler in der Welt ehren. Einmal wird der Krieg aufhören, und dann wird es besonders wichtig sein, daß wir unsere ehemaligen Feinde verstehen."

Es meldeten sich einige Schüler für die Arbeitsgemeinschaft, Alfred war darunter. Nicht weil er sich für russische Literatur interessierte, sondern weil er dadurch Gelegenheit hatte, in einem kleinen Kreis mit dem verehrten Lehrer zusammenzukommen.

Er begann etwas gelangweilt die „Brüder Karamasoff" von Fedor Dostojewski zu lesen. Aber je mehr er las, desto mehr fühlte er Sympathie mit den dargestellten Menschen, er verglich sie mit den wortkargen, einfachen Menschen seiner Umgebung. Keiner war so wie jene. Gab es denn hier wirklich keinen Aljoscha, keinen Nikolai, keinen Mitja, keine Gruschenka, keinen Vater Sossima, keinen Karamasoff, und nicht einmal einen Smerdjakoff? Nachdem sein Interesse geweckt war, konnte er nicht genug von dieser ihm fremden Welt erfahren. Der kurze Nachmittag reichte ihm neben den Schularbeiten nicht zum Lesen.

So las er nachts, wenn seine Eltern schliefen, „Raskolnikoff", „Die Dämonen", „Der Idiot", und er wünschte sich, aus dem engen Kreis der Kleinstadt herauszukommen und solchen interessanten, lebendigen und auch zwiespältigen Menschen zu begegnen.

Und nun kam ein junger Mann aus dem fernen Rußland in ihre Klasse. Sein Herz klopfte, er mußte feststellen, ob er nicht träumte. Ihm war, als ob er ein Buch von Dostojewski aufgeschlagen habe, und eine lebendige Figur trat daraus hervor.

Bobik ging zu dem angewiesenen Platz, verbeugte sich vor Alfred und fragte mit schüchterner und melodischer Stimme in einem fremden, fast nicht verständlichen Akzent: „Darf ich mich zu Ihnen setzen?"

Alfred machte eine einladende Bewegung und reichte ihm die Hand, die der andere ergriff und kräftig schüttelte. Die Worte des Lehrers klangen von weit her. Alfred war damit beschäftigt, seinen Nachbarn zu betrachten. Der Junge mochte etwa siebzehn

Jahre alt sein, er hatte sehr dichtes blondes Haar, buschige dunkle Augenbrauen, traurige graublaue Augen und ein feingeschnittenes Gesicht. Die anderen Schüler drehten sich fortwährend nach dem Fremdling um. Das war ihm offensichtlich peinlich, doch lächelte er ihnen freundlich zu. Der Lehrer bemerkte die Unaufmerksamkeit seiner Schüler und rief sie zur Ordnung, doch es half nichts.

Alfred überlegte angestrengt: ‚Ist er Mitja? Nikolai? Aljoscha? Fürst Mischkin? Rogoschin? Nein, er kann nur Aljoscha oder Fürst Mischkin sein. Am ehesten doch wohl Aljoscha!' Er beschloß, ihn für Aljoscha zu halten.

In der Pause umringten die Kameraden den Neuen und stellten ihm unzählige Fragen. Er lächelte verlegen, weil er längere Zeit brauchte, um Sätze in der ihm fremden Sprache zu bilden, und weil er den Sinn der Fragen nicht verstand. Das schrille Klingeln der Schulglocke befreite ihn von weiteren Fragen.

Nun hatte Alfred ihn wieder für sich. Nach dem Unterricht ergab es sich, daß sie den gleichen Heimweg hatten. Sie schlenderten die lange Straße hinunter. Plötzlich blieb Bobik stehen: „Oh, das sind ja Spatzen!" rief er entzückt.

„Die gibt es hier in Mengen."

„Das ist schön, bei uns zu Hause auch."

Er beobachtete alles ganz genau. „Oh, und ein

Pferd. ich liebe Pferde über alles. Reiten ist das Schönste. Aber unsere Pferde haben einen Bogen an der Deichsel und eure nicht." Dann flogen Krähen vorbei, Bobik lief ihnen einige Schritte nach. „Raben . . ." sagte er versonnen.

„Das sind Krähen", verbesserte ihn Alfred.

„Ja, bei uns auch viele, besonders im Herbst und Winter, schön, schwarz auf weiß." In einem Vorgarten erblickte er zwei Hasen, die an einem Rosenbusch knabberten. Er streckte ihnen durch das Gitter die Hand entgegen, aber sie erschraken und hopsten davon. „Chasen" – er sprach das H wie Ch aus –, „bei uns sind viele in den Wäldern und Wiesen! O du müßtest unser Land sehen! Viele, viele Tiere!"

„Du liebst wohl Tiere sehr" fragte Alfred.

Bobik nickte, Alfred begriff instinktiv, daß der Junge nach Ähnlichkeiten mit seiner verlorenen Heimat suchte, und daß die Tiere offenbar die einzigen Geschöpfe waren, die ihn daran erinnerten. „Und die Menschen, liebst du sie auch?"

„Ja, auch, aber Menschen sind oft böse. Hassen, töten, vernichten. Und die Menschen hier sind sehr fremd, lachen wenn ich spreche, lachen mich aus, ich kann doch nicht, ich werde es noch lernen. Man soll nicht lachen!"

Diese Bemerkung kam aus leidvollem und bedrängtem Herzen, und Alfred schwor innerlich, er würde nie wieder lachen, wenn er etwas fremd oder absonderlich finden würde.

Sie blieben vor einem alten barocken Haus stehen, das an jeder Seite von einem geschwungenen Giebel gekrönt war. Es hatte zwei dunkle eichene Türen, in deren Mitte jeweils ein Löwenkopf mit einem Ring im Maul angebracht war. Das ganze Haus war mit dunkelgrauen Schindeln gedeckt. Dieses dunkle geheimnisvolle Haus paßte zu Bobik, der plötzlich aus dem Land Dostojewskis hervortrat. Nun würde er mit dem Ring gegen die Tür kopfen. Irgendeine alte Person würde sie öffnen, und der geheimnisumwitterte Junge würde hinter ihr verschwinden und vielleicht nie wieder erscheinen. Aber das Haus war wirklich da, es stand dort schon seit dem siebzehnten Jahrhundert, und es gehörte der Familie Frohn, aber Alfred hatte auf seinem jahrelangen Schulweg nie einen Menschen dort ein- oder ausgehen sehen.

„Du wohnst hier?" fragte er erstaunt.

„Ja, gefällt es dir? Du mußt uns besuchen, meine Schwester Wera und mich. Es gehört Onkel Ernst Frohn, der jetzt in Wien lebt."

„Dann seid ihr mit denen von dem Glockenwerk verwandt? Mein Vater hat eine Werkzeugfabrik und ein Konstruktionsbüro, und er baut alle Konstruktionen für das Glockenwerk."

„Dann kennst du sie alle?"

„Ja, sie sind sehr reich und mächtig und sind eine der ältesten Familien hier in der Stadt."

„Und mächtig stolz, was?"

„Ja, natürlich."

„O nein, nicht natürlich. Es ist nicht gut und macht hart. Tante Sydonie, das Oberhaupt der Familie, sagt zu mir: ‚Du bist jetzt Deutscher und kein Russe mehr mit dem verrückten Namen Bobik, du heißt jetzt Waldemar, und alle Flausen von deiner alten Familie hast du aufzugeben. Unsere Familie ist mindestens so alt und vornehm wie eure, und damit Schluß jetzt.' Das hat sie gesagt und mich böse angeschaut. Und die arme Wera soll nicht mehr russisch mit mir sprechen. Ist das gut? Nein, das ist nicht gut! Bei uns würde man so etwas nie zu einem Gast sagen, man würde freundlich zu ihm sein und alles tun, damit er seinen Schmerz über den Verlust seiner Heimat vergißt. Aber nichts davon. Wera hat so geweint!"

Alfred spürte erschüttert die Ratlosigkeit und den Schmerz seines neuen Freundes. Er drückte ihm stumm die Hand.

„Was heißt denn Flausen?"

„Das sind dumme und alberne Ideen."

„Meine Familie ist keine Flause, wie dumm und herzlos das ganze."

Alfred wollte Bobik trösten. „Weißt du was, am Sonntag gehen einige aus unserer Klasse zu Mutter

Aline in der Grüne, dort gibt es Bier und herrliche Waffeln, komm doch bitte mit. Darf ich dich morgen auf dem Schulweg abholen?"

Bobik dankte seinem neuen Freund. Sie verabschiedeten sich. Bobik klopfte mit dem Ring, die Tür öffnete sich, und Alfred sah einen grauen Frauenkopf, dann verschwand Bobik hinter der Tür, ganz wie er es sich vorgestellt hatte.

Alfred stand wie verloren vor der geschnitzten Haustür mit den Löwenköpfen. In seinem siebzehnjährigen Leben war das die absonderlichste Begegnung. Er konnte nicht fassen, daß sie Wirklichkeit war. Da hörte er ein Geräusch. Im Oberstock des alten Hauses wurde ein Fenster geöffnet, und ein Mädchenkopf schaute heraus. Soviel konnte Alfred sehen, das junge Mädchen hatte ein rundes Gesicht, braune Zöpfe und genau so starke Augenbrauen wie ihr Bruder, aber die Augen waren wie aus einer persischen Miniatur, groß, dunkel und sprechend. Sie schaute Alfred offen ins Gesicht und fragte: „Sind Sie Bobiks Schulkamerad? Ich sah Sie die Straße herunterkommen. Warten Sie, ich sage Ihnen guten Tag!"

Sie schloß das Fenster. Alfred blieb wie angewurzelt stehen. War es möglich, daß sie herunterkam, um ihn zu begrüßen? Die Tür öffnete sich, und Bobik kam mit Wera heraus. Sie hielten sich an der Hand.

„Das ist Alfred, mein neuer Freund, er ist sehr lieb
zu mir. Und das ist meine Schwester Wera."
Sie reichte ihm die Hand, dann aber umhalste sie
ihn und gab ihm drei Küsse auf die Wangen. Das
war ihm noch nie passiert, und er kannte kein Mädchen, das einen Jungen bei der ersten Begegnung
küßte. Ihm zitterten vor Aufregung die Knie. Wera
aber war ganz ungeniert und fröhlich.
„Sie sind sehr lieb, daß Sie so nett zu Bobik sind.
Sie müssen wissen, wir sind heimatlos, und das ist
sehr sehr schwer und schmerzlich, und wir sind
dankbar für jedes liebe Wort. Ich habe auch noch

keine Freundin gefunden. Wir haben unsere Mutter und unseren kleinen Bruder Passenka in Moskau zurücklassen müssen und bangen darum, ob sie noch leben!" Sie schaute Alfred offen mit ihren großen Augen an. Er wünschte sich, daß er bei Bobik und Wera bleiben könnte, aber gleichzeitig drängte es ihn auch, mit sich allein zu sein, das erregende Erlebnis zu ordnen. Zum Abschied küßte Wera ihn wieder auf die Wangen. Seligkeit befiel ihn, aber auch Scheu. Was werden die Menschen sagen, wenn sie das sehen?!

Flüchtlinge

Wera und Bobik waren nach der Flucht aus Moskau am Heimatort von Weras Vater Karluscha in Westdeutschland angekommen. Sie tauschten die schreckliche Moskauer Wohnung mit ihrer Kälte und den Ratten, die ewigen Schießereien, die Verhaftungen, den Hunger und die Angst gegen ein altes schönes Haus. Hier konnten sie in Ruhe und Frieden leben. Aber ihre Mutter Jadwiga und der jüngere Bruder Passenka hatten in Moskau zurückbleiben müssen. Sie hatten keinerlei Nachricht von ihnen und wagten auch nicht, ihre Sorgen vor dem jähzornigen und ungeduldigen Karluscha zu äußern. Auf ihre

Fragen hatte er früher schon lediglich bemerkt, die Mutter und der Bruder seien inzwischen wahrscheinlich verhungert oder umgekommen; sie wüßten ja, wie die Verhältnisse in Moskau seien.

Bobik und Wera, die sich zu Hause in Girejewo bei Moskau viel gezankt hatten, schlossen sich in der Fremde eng aneinander, jeder wurde dem anderen zu einem Teil der verlorenen Heimat. Das Bewußtsein, in der Fremde zu sein, überschattete alles andere, obwohl sie dankbar waren für das schöne, gemütliche Haus, in dem jeder im Dachgeschoß sein eigenes, schön eingerichtetes Zimmer hatte. Es war für sie lange Zeit auch immer wieder ein überwältigendes Erlebnis, daß sie sich an den gedeckten Tisch setzen konnten. Die Deutschen behaupteten zwar, daß sie hungerten, aber es gab doch Graupensuppe oder Brei, den sie hier Kälberzähne nannten, und dunkles, feuchtes Brot und Margarine und sogar gelegentlich Kartoffeln und Apfelkraut, eine schwarze, säuerliche Paste, die man aufs Brot schmierte. Bobik und Wera empfanden das alles als Luxus.

Im Haus lebten noch Karluschas Eltern. Der Großvater war schlank und groß, mit schmalem Gesicht, weißem Haar und kleinem Bart. Die Großmutter Susann war Engländerin. Obwohl sie schon jahrzehntelang in Deutschland lebte, sprach sie kein Wort Deutsch, in ihrer ganzen Haltung brachte sie ihren Unmut über die Andersartigkeit der Deutschen ungehemmt zum Ausdruck. Großvater lebte in steter Angst, daß man sie denunzieren und trotz ihres Alters verhaften könnte.

Zwischen den russischen Kindern und den deutschenglischen Großeltern bestand kein herzlicher Kontakt. Die Kinder brachten eine gewisse Unruhe in das sonst stille Haus. Karluschas Lautheit und unberechenbare Ausbrüche irritierten die Großeltern. Wenn er gegen Bobik oder, was seltener vorkam, gegen Wera lospolterte, rief ihn der alte Herr zur Ordnung.

„Du mußt nicht immer so heftig gegen den Jungen sein, das hat er nicht verdient!"

Karluscha blitzte ihn mit seinen wasserblauen Augen an: „Du hast mir nicht dreinzureden! Ich schlage meine Kinder wenigstens nicht. Du hast uns bei jeder Gelegenheit verhauen!"

Der Großvater wurde still. „Hab ich das wirklich? Ich kann mich daran nicht erinnern!"

Es wäre alles im Sande verlaufen. Aber die Großmutter fuhr ihren Mann giftig an: „O yes, I remember – ich erinnere mich!" Nun wurde der Großvater heftig und schrie sie an, sie solle sich nicht in Männergespräche einmischen. Wera und Bobik, von der kriegerischen Atmosphäre verängstigt, standen auf und verzogen sich unauffällig in ihre Zimmer.

An Bobiks erstem Schulnachmittag saßen die Geschwister unter einer Trauerweide im Park. Der alte Gärtner Knierim, der Mann der Haushälterin Ida, arbeitete an den Rosenbeeten. Ida brachte den Kindern dünnen Tee und Plätzchen, die sie aus Haferflocken und Melisse gebacken hatte. Kaum hatte sie das Tablett auf den Tisch gestellt, redete sie entrüstet auf Wera ein: „Fräulein Wera, was habe ich gesehen, Sie laufen zu einem jungen Mann, Sie umarmen und küssen ihn! So eine Schande, wenn das die Nachbarn sehen, und wenn Ihr Vater, der Herr Karl das erfährt, das wird ein Donnerwetter geben!"

Wera verteidigte sich: „Was ist denn dabei, Ida, ich tue es immer, das ist bei uns zu Hause so Sitte!" Bobik versuchte Wera zu helfen: „Ja, Ida, denken Sie nur, bei uns küßt man sich dreimal auf die Wange, wenn man sich begrüßt oder verabschiedet, und das ist eine schöne Sitte! Die Menschen bei uns sind eben warmherziger und einander freundlich gesinnt. Hier kommt man keinem Menschen nahe, alle sind kühl und zurückhaltend."

Ida machte ein beleidigtes Gesicht. „Na, Herr Waldemar, wir sind auch Menschen! Man ist halt nicht so schnell Freund mit jedem, es gibt doch auch böse Menschen, man muß sie erst prüfen. Und wenn ihr schon hier seid, müßt ihr euch auch an unsere Sitten halten. Eure Großmutter hat sich auch nicht anpassen wollen, nicht einmal die deutsche Sprache hat sie gelernt, und weil sie unsere Art zu leben ablehnt, wird sie von allen gemieden, kein Mensch kommt ins Haus. Und dabei war euer Großvater ein so geselliger Mensch, das hat alles aufgehört, seitdem die Engländerin im Haus ist. Und wenn ihr mit euren barbarischen Sitten so weiter macht, wird auch von euch kein Hund ein Stück Brot nehmen!"

Wera war wütend. „Sie sollen ihn nicht Waldemar nennen, er heißt Wladimir oder Bobik, Sie beleidigen ihn, und unsere Sitten sind nicht barbarisch, wir haben auch eine alte Kultur, und was soll der Hund dabei, Hunde essen Fleisch und kein Brot."

Auch Bobik verteidigte sich. „Wenn Sie mich Waldemar nennen, zeigen Sie damit, daß Sie mich mißachten und nicht leiden können!"

Das traf. Ida begann zu weinen. „Ich habe euch ja gern, ihr fremden Vögel, ihr armen mutterlosen Geschöpfe, aber wenn mir doch die alte gnädige Frau verbietet, Sie Bobik zu nennen, was soll ich denn tun?"

„Sie sollen den Mut haben, sich dem Befehl zu widersetzen! Sie sind doch ein freier Mensch! Also meinetwegen, wenn andere Leute dabei sind, dann machen Sie dieses Theater, aber wenn wir allein sind, dann nennen Sie mich bitte Bobik!" Ida nickte und entfernte sich.

Bobik war bedrückt. „Hier ist wirklich alles anders, es ist, als ob man durch eine verkehrte Lupe schaut, alles steht auf dem Kopf. Ich kann es kaum mehr aushalten! Mit dem Herzen bin ich in Rußland geblieben, hier ist für mich alles leer und freudlos."

„Du bist undankbar, Bobik", wies ihn Wera zurecht, „und wo wolltest du denn jetzt in Rußland noch sein? In dem Gespensterhaus in Moskau, in das man uns zwangsweise gebracht hat, mit Ratten, Hunger und Kälte? oder in dem niedergebrannten Krasnoje Sselo von Papa, in dem kein Mensch mehr lebt, oder in unserem zerstörten Weißen Haus? Das ist alles vorbei. Nun sind wir hier, und schließlich hat uns Karluscha aus der Hölle von Moskau herausgeholt! Schau dir dieses herrliche alte Haus und den Park an, die Weide, die Platanen, die Zeder und die Ulmen, es ist doch schön! Nach deiner Verhaftung bist du wie durch ein Wunder dem Tode entronnen, und Karluscha hat uns aus dem ungewissen, vom Tod bedrohten Leben aus Moskau gerettet. Was denkst du, was Mami jetzt sagen würde? Sie würde sagen, du bist undankbar und eigensinnig. Es wird dir hier ein neues Leben geboten, und du nimmst es nicht an, weil du dich mit Karluscha nicht vertragen kannst, und weil du dich nicht auf das hiesige Leben umstellen willst. Die Großeltern sind alt, wir sollten ihnen nachsehen, was uns an ihnen nicht paßt; und wunderlicher als unsere Babuschka daheim sind sie auch nicht, nur anders. Und Ida ist doch lieb, sie verwöhnt uns, wo sie kann. Sei doch dankbar! Und nun hast du schon am ersten Tag in der Schule einen Freund bekommen. Ist das nichts? Ich habe noch keine Freundin!"

Bobik war besänftigt. „Du hast recht, Werotschka. Und dieser Park ist wirklich schön. Wie lange haben wir nicht mehr im Park getobt? Zuletzt war es bei der Großmutter in ihrer alten Moskauer Wohnung auf dem Arbat. Weißt du noch, wie die Köchin Solomona schimpfte und die Nachbarn sich empörten, daß wir so viel Lärm und Unruhe in das stille Villenviertel brachten? Nun ist uns das Toben und Spielen vergangen. Ob wir je wieder richtig lachen werden?"

Wera wußte auch darauf eine einleuchtende Antwort: „Schließlich werden wir auch älter. Außerdem ist doch Krieg, überall töten sich die Menschen und hassen sich, und was bei uns zu Hause geschieht, ist doch einfach unausdenkbar, wie kann denn da ein Mensch fröhlich sein."

„Wenn Mami und Passenka hier wären, könnten wir alles leichter ertragen", klagte Bobik, „mit ihr wären wir auch hier zu Hause. Sie war in jedem Land zu Hause, wohin wir auch reisten. Wenn ich das nur könnte, zu Hause sein, wo ich leben muß!"

„Versuch es doch, schließlich bist du der Sohn deiner Mutter! Sie hat uns das vorgelebt, also sollen wir es ihr nachmachen. Das ist ein Auftrag."

Bobik war noch nicht überzeugt: „Es ist aber doch sehr schwer, und wenn Karluscha ein anderer Mensch wäre!"

Aber Wera behielt das letzte Wort: „Immer hast du Streit mit Karluscha, du siehst ihn als einen bösen Dämon! Aber er ist ein Mensch wie du und ich, lebhaft, ungeduldig und robust, er ist gewöhnt zu befehlen, und er ist ein Erfolgsmensch. Du hast einfach Angst vor ihm; wenn er tobt, bist du wie ein Kaninchen, das hypnotisiert auf eine Schlange starrt. Stell dich ihm doch, vertritt deine Sache anstatt seine Beschimpfungen einzustecken und dann zu schmollen! Seine Wut verraucht sehr schnell, aber du trägst sie ihm nach, und so kommt es nie zur Versöhnung, und ihr ärgert euch beide. Das ist doch lächerlich!"

Bobik lenkte ab: „Alfred hat mich eingeladen, mit ihm und einigen Klassenkameraden in eine Gartenwirtschaft zu gehen. Soll ich den Vater fragen?"

„Natürlich wirst du ihn fragen, und mit aller Bestimmtheit! Darf ich denn mit, ich möchte nicht allein hierbleiben, und dein Freund Alfred gefällt mir. Ich möchte, daß er auch mein Freund wird."

Die Freundschaft mit Alfred vertiefte sich. Auf dem Schulweg ließ sich Alfred von Bobik über das Leben in Rußland, über seine Geschichte und Literatur berichten, er notierte sich die Namen der Dichter, die Titel ihrer Bücher und besorgte sie sich aus der Reclambibliothek. Die Geschwister hätten ihn gerne in ihr Haus eingeladen, aber sie wagten es nicht. Bobik schmuggelte Alfred gelegentlich in sein Zimmer. Wera und er zeigten ihm dann die wenigen Schätze, die sie aus ihrer Heimat gerettet hatten, Bilder von ihrer Mutter, von Bobiks Vater Sascha und dem kleinen Stiefbruder Passenka, von ihrer geliebten Kinderfrau Njanja, vom Weißen Haus bei Moskau, in dem sie ihre glückliche Kindheit verbracht hatten, vom väterlichen Schloß Krasnoje Sselo weit im Osten Rußlands. Für Alfred war das alles eine unbekannte, fremde, faszinierende und großartige Welt, und es beglückte ihn, daß die Geschwister ihn daran teilhaben ließen.

Vertieft in Erinnerungen, Erzählen und Zuhören, überhörten sie, daß Karluscha die Treppe heraufkam. Unvermittelt stand er im Zimmer. Alle sprangen auf, und Bobik stellte Afred vor. Karluscha reichte ihm nicht einmal die Hand und sah durch ihn hindurch, als ob er Luft wäre. In barschem Ton forderte er die Kinder auf, an die Schulaufgaben zu gehen. Was blieb Alfred anderes übrig, als sich sofort zu verziehen? Linkisch verbeugte er sich zum Abschied vor Karluscha und Wera. Bobik begleitete ihn die Treppe hinunter. Diese Begegnung war ihm unendlich peinlich. „Du mußt uns verzeihen, wir können wirklich nichts dafür, er ist so, er verdirbt uns alle Freude."

Alfred nickte stumm und betrübt. „Wir bleiben trotzdem Freunde oder gerade deswegen!" Die Kameraden drückten sich die Hand.

Nun hatte Alfred einen Einblick in die inneren Verhältnisse des barocken Hauses erhalten. Weder Wera noch Bobik hatten ihm je von ihrem gespannten Verhältnis zu Karluscha erzählt, sie waren zu stolz dazu. Sie erzählten auch nichts von den furchtbaren Ereignissen, der Hungersnot, den Demütigungen und Erniedrigungen, von der Verhaftung Bobiks und von der Flucht seines Vaters Sascha und von seinem ungewissen Schicksal, das sie nicht kannten. Alfred lebte behütet in der kleinen Stadt, und sie wollten ihren Freund nicht in die Abgründe blicken lassen, durch die sie gegangen waren.

Eine Stelle gab es in der fremden Stadt, wo sie sich wie zu Hause fühlten, es war das Haus von Tante Lucie, Weras Patentante. Tante Lucie war in Moskau aufgewachsen und hatte einen deutschen Industriellen geheiratet, einen Verwandten Karluschas. Wenn Karluschas schlechte Laune und Jähzornsausbrüche zu schwer auf den Geschwistern lasteten, flüchteten sie zu Tante Lucie, ihr Haus wurde für sie zu einem Stück Heimat. In ihrem Salon hingen Bilder von russischen Landschaften, es gab überall schwere russische Silberschalen, Salzfässer in Form von Bauernhütten und breit ausladende Gefäße, die von einem Entenkopf gekrönt waren, aus denen man reihum Wodka trank. Der große silberne Samowar strahlte Gemütlichkeit aus, und vor den Ikonen in der Ecke brannte das ewige Licht.

Tante Lucie ließ sich von den Kindern umarmen und dreimal auf die Wangen küssen. Dann liefen sie zu Onkel Bruno, der in der Tür stand, um auch ihn zu umarmen, aber er wehrte heftig ab: „Mit mir nicht, ihr wilden Steppenpferde, ich mag eure Sitten nicht, es genügt, wenn ihr mir die Hand drückt!"

Bobik verbeugte sich vor den Ikonen und bekreuzigte sich dreimal. Onkel Bruno lachte. „Was sind das alles für Äußerlichkeiten! Vor gemalten Bildern!"

Bobik, tief gekränkt, wollte etwas Bissiges antworten, aber dann fiel ihm ein, daß er sich soeben bekreuzigt hatte, und daß es nicht christlich sei, zornig zu werden. Tante Lucie ergriff die Kinder bei den Händen. „Kommt zu mir, und ärgert euch nicht

über Onkel Bruno, er will euch doch nur necken."
Tee wurde aufgetragen, dazu gab es Warenje, kandierte Früchte, die die Tante noch aus alten Zeiten verwahrt hatte. Die Geschwister kamen sofort mit den Fragen, die sie so sehr bedrängten. „Was glaubst du, Tante Lucie, ob Mami und Passenka noch leben? Wir dürfen den Vater nie danach fragen, er wird böse und ungeduldig und schimpft gleich los, er könne es auch nicht wissen, aber wir sollten es mit unserem Menschenverstand überlegen, wieviel Überlebenschancen denn für Aristokraten in Rußland noch bestünden."

„Ihr Lieben, ich kann euch ja auch keine Antwort darauf geben. Wenn ich mein Gefühl befrage, dann möchte ich meinen, daß sie noch leben. Jadwiga ist ein weiser und lebenstüchtiger Mensch, sie hat euch doch alle durch ihre Arbeit ernährt, und Babuschka macht den Haushalt, wenn man das noch so nennen darf, und ihr habt mir erzählt, daß der kleine Passenka bereits mit den Gepflogenheiten des schwarzen Marktes vertraut ist. Und dann ist doch noch der treue Hausmeister Nikifor da, der sich in allen Lagen zu helfen weiß. Du weißt, wie er dir das Leben gerettet hat, Bobik, er tut alles für euch! Warum sollten sie also nicht überleben?"

Bobik fragte: „Tante Lucie, wenn man weiß, daß einer tot ist, dann kann man für das Heil seiner Seele beten, aber wenn man es nicht weiß, soll man nun für einen Lebenden oder für einen Toten beten?"

„Du Dummer, bete für die Deinen, gleich ob sie leben oder tot sind, dein Gebet wird sie überall finden."

Bobik mußte seinem tiefen Kummer Luft machen. „Wenn ich gewußt hätte, wie es hier ist, ich wäre nie weggegangen, lieber wäre ich dort umgekommen und läge in der heimatlichen Erde als hier als Fremder zu leben!"

Wera wurde böse. „So darfst du nicht reden! Aus dir spricht die Verbitterung über Karluscha. Was fehlt dir denn ernstlich hier? Wie haben wir geträumt von einem Häuschen, einem sauberen Zimmer, von dem allerdürftigsten Essen, einem Öfchen und ein wenig Holz. Hier hast du dein wunderschönes Zimmer, hast zu essen, bist gut gekleidet, keiner schießt auf dich und verhaftet dich, du darfst lernen, und schließlich hat Karluscha dich aus dem Elend herausgeholt, er brauchte es nicht zu tun, er hätte dich umkommen lassen können. Er arbeitet für uns und sorgt für uns, das vergißt du wohl ganz? Und er ist auch nicht den ganzen Tag jähzornig. Ich bin sicher, wenn du ihm gegenüber nicht so feige wärest und ihm mutig entgegentreten würdest, wenn er tobt, dann wäre alles gar nicht so schlimm!"

Tante Lucie nickte. „Wera hat ganz recht. Ihr Lieben, ich glaube nicht, daß euer Aufenthalt in Deutschland von kurzer Dauer ist, vielleicht ist er endgültig. Ihr begeht einen großen Fehler, wenn ihr alles hier mit eurer Heimat vergleicht. Ihr erinnert euch auch nur an das Gute und an euer schönes Zuhause und denkt nicht mehr daran, durch was für Höllen ihr gegangen seid. Dagegen lebt ihr hier wie im Paradies. Man soll nach vorne und nicht nach rückwärts schauen! Es wurde dem fliehenden Lot und seiner Familie ausdrücklich verboten, sich umzuschauen. Und als Lots Frau sich trotz des Verbots umschaute, erstarrte sie zur Salzsäule. Wenn ihr alles, was ihr hier erlebt, ablehnt und nur rückwärts schaut, dann könnt ihr nicht zu reifen Menschen heranwachsen. Auch dieses kleine Land hat eine großartige Kultur, die Menschen hier sind fleißig und zuverlässig, sauber und pünktlich. Sie sind nicht so überschwenglich und heftig wie ihr, aber in Rußland war keineswegs alles so rosig, wie ihr es jetzt seht. Es gab bei aller Großherzigkeit viel Unordnung, Unzuverlässigkeit, Schlendrian, Bestechlichkeit und krasse soziale Unterschiede, Unehrlichkeit und Trunksucht. Man muß auch die Kehrseite der russischen Großzügigkeit sehen! Zugegeben, hier ist vieles anders, aber ihr als Fremde und Flüchtlinge könnt nicht erwarten, daß die Menschen sich nach euch richten. Nehmt sie, wie sie sind und paßt euch dem Lebensstil an, so gut ihr könnt, dann werdet ihr auch hier das Leben liebenswert finden, auch wenn es im begrenzteren Rahmen verläuft. Glaubt mir, vor vielen Jahren, als ich aus Moskau hierher kam, habe ich das gleiche erlebt, und es wurde mir nicht leichter gemacht als euch. Ich habe mich willig angepaßt, ohne dadurch meine Persönlichkeit zu verlieren."

Getröstet gingen die Geschwister Hand in Hand durch den sternklaren Abend nach Hause. „Wie gut, daß wir Tante Lucie haben", sagte Wera, „versuche doch, mit Vater zu einem erträglichen Verhältnis zu kommen, Bobik! Es geht bestimmt, wenn du guten Willen hast und mit ihm sprichst!"

Ein Wunder geschieht

Ein Jahr war fast vergangen, im Herbst 1918 ging der Krieg zu Ende. Das große Morden in Europa hörte auf, aber alle Völker waren erschöpft, und der Haß schwelte weiter. Fast alle Menschen hatten die Vorstellung: wenn erst der Krieg zu Ende ist, dann wird alles anders, alles neu. Die Idee eines goldenen Zeitalters schwebte ihnen vor. Aber was nach dem Krieg übrig blieb, war ein totaler Zusammenbruch, nicht nur der Wirtschaft, auch der Ideale und der gesellschaftlichen Systeme. Kaiser Wilhelm dankte ab und führte in Holland sein privates Leben, die regierenden Kleinfürsten und die Könige wurden aus der Regierung ihrer Länder entlassen. Nur das Elend, der Mißmut und der Hunger gaben ihre Macht nicht auf.

Die Großeltern, Wera und Bobik saßen im Garten und tranken dünnen Malzkaffee. Ida kam an den Tisch, schaute sich behutsam um, ob auch kein Unbefugter sie hörte und flüsterte Großvater zu: „Das Butterschwein ist da!" Großvater nickte stumm vor sich hin, man konnte nicht erkennen, ob er zustimmte, oder ob nur sein Kopf wackelte. Bobik und Wera waren verwirrt: „Was ist denn das für ein Tier, das Butterschwein. Butter kommt doch von der Kuh. Dürfen wir uns das Tier ansehen, Ida?"

Ida war entsetzt. „Seid still, ihr Naseweise, das geht euch gar nichts an. Haltet bloß den Mund; das ist ein Mann, der heimlich Butter bringt, die kaufen wir ihm teuer ab. Ihr kennt das doch von Rußland her!"

Ja das kannten sie, fast hätten sie es hier in der Sicherheit vergessen, wie Passenka beim Mieter Zigaretten stibitzte und sie dann auf dem Sucharewkamarkt gegen Stockfische eintauschte, und wie es Mami nicht gelang ihm klarzumachen, daß das Diebstahl sei, und daß man nicht stehlen dürfe.

An einem sonnigen Augustnachmittag, als man sich

gerade vom Mittagstisch erhob, klingelte es. Ida kam aufgeregt herein. „Bobik und Wera, ein Telegramm für euch!"

Von wem konnte es sein? Wer telegrafierte ihnen hier in der Fremde? Sie rannten zur Tür. Wera riß dem Postboten das Papier aus der Hand und öffnete es.

„Passenka und ich sind in Deutschland! Auf Wiedersehen in einigen Tagen – Mutter."

„Warten Sie einen Moment!" rief Wera dem Boten zu, rannte auf ihr Zimmer, holte ihre Geldbörse und schüttete den ganzen Inhalt in die Hand des verdutzten Mannes. Dann fiel sie ihm um den Hals und küßte ihn, „Du mein Engel, du mein Engel!" schluchzte sie. Der Mann war ratlos und wurde besorgt.

„Ist Ihnen nicht gut? Sind Sie krank?"

„Nein, ich bin gesund, ich war noch nie so gesund wie jetzt! Unsere Mutter, die wir tot geglaubt hatten, sie lebt, sie kommt hierher!"

Ida sah sich die turbulente Szene vom Treppenabsatz aus an. „Mädchen, bist du denn wahnsinnig geworden, wer küßt denn einen wildfremden Mann ab, so benimmt sich keine junge Dame!"

Wera rannte die Treppe hinauf, umfaßte die alte Ida und vollführte wilde Tänze mit ihr. Ida keuchte. „Laß mich los, ich kriege einen Herzschlag!"

Bobik war vor Aufregung schneeweiß geworden.

Er drehte das Telegramm in der Hand hin und her, es war von einem unbekannten deutschen Grenzort aufgegeben worden. Immer wieder las er die wenigen Worte und konnte es nicht fassen. War es vielleicht nur ein Traum? Er schlich sich still in den Garten und nahm sich vor, sich nicht zu früh zu freuen, er wollte diese Tage abwarten, bis er seiner Mutter leibhaftig begegnete.

Wera setzte sich zu ihm unter den Weidenbaum. „Wie sagen wir es Karluscha? Sag du es ihm, Weruschka, ich bringe es nicht fertig."

„Er weiß es doch schon längst, glaubst du, Ida hat es ihm nicht sofort telefonisch durchgegeben? Wir müssen aber zu Tante Lucie laufen und sie fragen, ob sie Mami aufnehmen kann."

Als Karluscha am Abend nach Hause kam, wußte er natürlich von der Nachricht. Er war still und gedrückt. „Nach all dem, was sie erlebt hat, wird Jadwiga ein kranker und gebrochener Mensch sein, das kann nicht spurlos an einem vorübergehen. Passenka nehmen wir auf und werden ihn aufpäppeln. Ida soll schon das Südzimmer für ihn bereitmachen." Wie er sich zu seiner geschiedenen Frau stellen wollte, dazu äußerte er sich nicht. Nach dem Abendessen ging er gegen seine Gewohnheit noch einmal fort. Bobik hörte ihn spät in der Nacht heimkommen und mit unsicheren Schritten die Treppe hinaufgehen. ‚Er hat getrunken, um damit fertig zu werden', dachte Bobik. Auch er hätte gerne getrunken, um sich zu erleichtern, aber er wußte, es war keine Lösung.

Wera hatte das Bedürfnis, Alfred anzurufen, um ihn an ihrer Freude teilhaben zu lassen. Alfred kam sogleich, er freute sich für seine Freunde so, als ob das Ereignis ihn selbst betroffen hätte. Er spazierte mit Wera in einem schmalen Gang zwischen zwei Gärten, um nicht von Karluscha überrascht zu werden, der diese Freundschaft nicht gerne sah.

Zehn Tage später erfuhren sie, daß Jadwiga mit Passenka am nächsten Tag eintreffen würde. Karluscha erbot sich, zum Bahnhof zu kommen. Bobik bat ihn, ob nicht er und Wera allein gehen dürften. Er, Karluscha, sei doch geschieden, und die Menschen hier würden es nicht verstehen, daß geschiedene Eheleute sich freundschaftlich verständigten. Das war für Bobik natürlich nur ein Vorwand, er wollte seiner Mutter zuerst alleine begegnen.

In banger Erwartung stand er mit Wera auf dem langen zugigen Bahnsteig. Schließlich schnaufte die Lokomotive heran. Sie schauten aus nach einer alten gramgebeugten Frau in schlechten Kleidern und nach einem abgemagerten Jungen. Sie sahen auch eine alte Frau am Stock, aber ohne Kind, und liefen auf sie zu. Aber es war nicht ihre Mutter. Doch dann hörten sie liebe, bekannte Stimmen rufen: „Wera! Bobik!"

Sie stürzten dem Ruf nach und konnten nicht fassen, daß der hübsche neunjährige Junge ihr kleiner Bruder Passenka war. Die Mutter war jugendlich und elegant wie je. Sie umarmten und küßten sie und weinten vor Glück. Dann setzen sie sich auf die Bank auf dem Bahnsteig und schauten sich lange durch Tränen lächelnd an. Sie hatten so viele Fragen auf dem Herzen, daß sie kein Wort über die Lippen brachten.

Jadwiga betrachtete die Kinder. „Ihr beide seid groß geworden. Als ihr aus Moskau wegfuhrt, war Wera noch ein Mädchen, jetzt bist du eine hübsche junge Dame, und Bobik hat dich sicher gut beschützt. Ihr habt mir doch keine Schande gemacht?"

„Nein, wir haben uns große Mühe gegeben, aber es war schwer ohne dich. Und am schlimmsten war, daß alle außer Tante Lucie glaubten, daß du verhungert seist, aber wir wollten es nicht glauben. Und nun ist das Wunder geschehen, und du und Passenka, ihr seid hier, Gott sei Dank!"

„Ich habe euch oft geschrieben und dachte, daß meine Briefe euch erreicht hätten, denn ich habe auch manche eurer Briefe bekommen, an Bobiks Numerierung konnte ich erkennen, wieviel Briefe verloren gingen. Ihr Armen, was müßt ihr ohne Nachricht von mir gelitten haben! Aber nun bin ich bei euch!"

„Mami, du wirst bei Tante Lucie wohnen, und darf Passenka zu uns ziehen?"

„Das müßt ihr ihn selber fragen, er kann es selbst entscheiden."

Passenka schaute unschlüssig auf seine Mutter und auf die Geschwister. Er war noch nie von seiner Mutter getrennt gewesen, und er fühlte sich als ihr Beschützer. „Kannst du denn ohne mich allein bleiben? Soll ich nicht lieber mit dir gehen?"

„Ich glaube, du wirst es bei Wera und Bobik und bei deinem Vater besser haben, sie haben ein großes Haus. Ich bin bei Tante Lucie nur zu Gast."

Passenka fügte sich.

Als sie aus der Bahnhofshalle traten, sahen sie Alfred auf dem Vorplatz auf- und abgehen, mit einem Blumensträußchen in der Hand. Er ließ es sich nicht nehmen, die Mutter seiner Freunde als erster zu begrüßen. Wera freute sich. „Alfred, da ist ja Alfred! Mami, das ist unser erster Freund hier, er war immer so gut zu uns, und wenn wir Kummer hatten, stand er uns bei, wir sind ihm so dankbar!"

Alfred näherte sich Jadwiga, er küßte ihr die Hand, es war die erste Dame, der er die Hand küßte, und überreichte ihr schüchtern das Sträußchen. Jadwiga nahm die Blumen entgegen und streichelte die Wange des großen Jungen. Er wurde über und über rot.

„Wie lieb von Ihnen, Alfred, daß Sie so freundlich zu Wera und Bobik waren, ich danke Ihnen, wollen Sie auch mich in Ihre Freundschaft einbeziehen?"

Sie fuhren alle zusammen zu Tante Lucie. Alfred verabschiedete sich und Jadwiga bat ihn, sie zu besuchen. Er war tief beeindruckt von Jadwigas Herzlichkeit, und gleichzeitig verwirrte es ihn, daß die Mutter seiner Freunde eine vornehme junge Dame war. Auch er hatte wie Bobik und Wera erwartet, einer gebrochenen, alt wirkenden Frau zu begegnen.

In Tante Lucies Salon dampfte und summte der dickbäuchige silberne Samowar; aus grauem Mehl hatte sie duftende Brötchen gebacken, dazu servierte sie Erdbeerwarenje. Jadwiga und Passenka hatten sich erfrischt, und nun saßen sie, zum erstenmal nach den Bürgerkriegskämpfen und nach der Evakuierung aus Babuschkas Villa auf dem Arbat, in einem gepflegten Heim. Jadwiga betrachtete liebevoll all die vielen Gegenstände, die im Raum waren und staunte, daß es so etwas auf dieser Welt, die aus den Fugen geraten war, noch gab.

„Wenn es dich nicht zu sehr anstrengt, Jadwiga, erzähl uns, wie es dir gelungen ist, herauszukommen!" bat Tante Lucie.

„Es ist eine lange Geschichte, aber ich werde nur das Wichtigste erzählen. Nachdem Bobik und Wera fort waren, wurde unser Leben in mancher Hinsicht leichter. Ich hatte schon vorher gearbeitet, aber nun mußte ich nur noch Babuschka, Passenka und mich selbst ernähren. Unser Nikifor arbeitete auch und beschützte uns, er schaffte alles Erdenkliche herbei. Babuschka versorgte den Haushalt, wenn man es so nennen kann, sie versuchte, aus nichts etwas zu machen. Passenka mit seinen sieben Jahren war ohne Aufsicht. Meistens strolchte er auf dem Schwarzmarkt umher, oft brachte er irgend etwas heim, wir fragten ihn nicht, auf welchem Wege er die Dinge ergatterte.

Von dem, was Nikifor und ich verdienten, konnten wir aber nicht satt werden. Ab und zu mußten wir ein Schmuckstück gegen Mehl, Zucker oder Sonnenblumenöl eintauschen. Wir versteckten unsere Kostkarkeiten immer wieder an anderen Stellen, weil es häufig Haussuchungen gab. Ihr könnt euch denken, wie oft wir vergaßen, wo wir die Schmucksachen gelassen hatten. Nur Passenka wußte es meistens, während Babuschka und ich aufgeregt suchten und jedes Kästchen und jede Schublade wiederholt öffneten. Eines Tages kramte ich bei solcher Gelegenheit in einer alten Hutschachtel. Der Schmuck war nicht da, aber zu meiner Überraschung fand ich einen alten Paß von mir auf Karluschas Namen, der 1912 ausgestellt war. Es kam mir eine Idee. Vielleicht könnten Passenka und ich mit diesem Paß ausreisen? Es schien mir fraglich, ob wir auf die Dauer in Moskau überleben konnten. Und Passenka verwilderte, er hatte schon die Manieren der Verwahrlosten angenommen.

Ich überschlief zunächst die Angelegenheit. Dann besprach ich mich mit Nikifor, der der vernünftigste Mann in unserer Wohngemeinschaft war. Er bestärkte mich in meinem Vorhaben und versprach, daß er Babuschka heiraten würde, wenn sie dem zustimmte. Dann trüge sie seinen bürgerlichen Namen und wäre den Verfolgungen, denen die Adligen ausgesetzt waren, entzogen. Auch Babuschka war einverstanden. Nur Passenka hatte Bedenken, er hatte sich an das freie Leben gewöhnt und wollte nicht mehr bevormundet und womöglich in die

Schule geschickt werden. Aber als ich ihm erzählte, daß es dort, jenseits der Grenze, Kartoffelpuffer und Marmelade gäbe, war auch er einverstanden. Ich ging in die deutsche Botschaft. Graf Mirbach, der Bobik damals geholfen hatte, war erschossen worden, aber Karluschas Verwandter Hilger war noch als Botschaftsrat dort. Ich brachte ihm den Paß und er meinte, es ließe sich damit die Ausreisegenehmigung beschaffen. Nach einigen Wochen bekamen wir die Papiere und fuhren los. Es war eine beschwerliche Reise. Als wir in die Nähe der Grenze kamen, stellte sich heraus, daß es keine Personenbeförderung über die Grenze gab. Es waren viele Aussiedler da wie wir, alle waren ratlos. Aber dann kamen Leute aus der Gegend zu uns, zwielichtige Gestalten, und erboten sich, uns gegen hohe Entlohnung nachts mit Pferdefuhrwerken auf Schleichwegen über die Grenze zu bringen. Was sollten wir tun? Wir willigten ein. Bis zum Neumond blieben wir einige Tage eng zusammengedrängt in verschiedenen Hütten. Die Nacht war stockfinster. Dann zogen wir los mit unserer Habe. Es ging durch unwegsames Gelände und über Sümpfe. Ein Wagen, auf dem ein Kind saß, begann im Sumpf zu versinken. Dem Kutscher gelang es noch abzuspringen, aber das Kind blieb auf dem Wagen. Die Eltern wagten nicht, sich zu dem versinkenden Wagen zurückzuarbeiten, aber sie schrien um Hilfe. Die armen Pferde waren schon bis zum Rücken versunken, der Kutscher weinte vor sich hin, er verlor sein Hab und Gut. Das Kind wimmerte. Da lief ich zurück, klammerte mich an den Wagen, zog mich hoch und versuchte, das Kind zu greifen. Aber es hockte verstört in seiner Ecke und wagte nicht, zu mir herüber zu kommen."

„Ja, und dann stellte ich mir vor, wie du mit dem Kind im Sumpf untergingst", mischte Passenka sich heftig ein, „mit einem fremden Kind, und mich, dein eigenes Kind, ließest du zurück. Da habe ich geschrien, mich an den Wagen gehängt und dich zurückgezerrt, bis du vom Wagen fielst. Die anderen haben dich zurückgezogen, sonst wärst du auch versunken."

Alle schwiegen vor Entsetzen, bis Jadwiga leise weiter erzählte: „Ja, es war furchtbar, ich werde jenes Erlebnis nie vergessen. Im Traum höre ich noch das klägliche, schwache Wimmern des versinkenden Kindes. Aber die Stille, die danach kam, war noch entsetzlicher!

Schließlich gelangten wir über die litauische Grenze. Wir entlohnten unsere Fuhrleute und fuhren mit dem Zug nach Wilna. Ihr könnt es euch nicht vorstellen, aber sogar die Luft, der Himmel und das Grün der Bäume erschien uns schöner; man atmete die Luft eines freien Landes! In der Stadt war Markttag. Ich packte einige Blusen, einen Pelzumhang und kleinen Schmuck zusammen und ging mit Passenka zum Markt, um es zu verkaufen."

Wieder unterbrach Passenka seine Mutter: „Die Frauen umringten uns wie Geier das Aas, sie rissen uns die Sachen aus den Händen. Wenn ich nicht dabei gewesen wäre, hätten sie Mami alles weggenommen und nichts bezahlt. Ich feilschte mit ihnen um den Preis. Wir bekamen eine Menge Geld für die alten Sachen. Und nun konnten wir schwelgen. Wir gingen essen, es gab genug Grütze und Hering und Fleisch. Mami wollte alles bestellen, alles essen und kaufen. Aber ich hielt sie davon ab, verschwenderisch zu sein."

Jadwiga schaute ihren jüngsten altklugen Sohn liebevoll an: „Ja, du bist ein rechtes Kind der Not und der Revolution, aber du warst der Vernünftigere. Ich war wie berauscht, und wäre Passenka nicht dabei gewesen, ich hätte mir lauter unnütze Sachen gekauft, nur aus Freude, kaufen zu können."

Tante Lucie umarmte Jadwiga herzlich: „Ich bin glücklich, Jadwiga, daß du hier bist. Die Kinder haben ohne dich sehr gelitten. Du bedeutest für sie die Heimat, nun werden sie sich leichter in unsere Verhältnisse einleben. Erhol dich bei uns, komm zu Kräften und versuche, all das Schreckliche zu vergessen."

„Wir sind alle durch eine Hölle gegangen, Lucie, aber wenn das Erlebnis uns gereinigt hat, dann hatte es auch seinen Sinn. Wir sind durch das Erleben einfacher, dankbarer, bescheidener und demütiger geworden, wir haben erfahren, daß das Leben Tag für Tag an einem seidenen Faden hing, und uns ist viel Güte und Hilfe von anderen Menschen zuteil geworden. Als ich an der Grenze war, bin ich niedergekniet und habe die russische Erde, die ich vielleicht für immer verließ, geküßt und ihr gedankt für alle Fülle, alle Freuden und auch für alles Leid!"

Gespräche mit Jadwiga

Als sich Jadwiga von der Reise ausgeruht hatte, bat sie die Kinder, nacheinander zu ihr zu kommen, um mit jedem allein über seine Probleme zu sprechen. Bobik saß in ihrem Zimmer. Es ergab sich wie in früheren Zeiten, daß sie nicht miteinander zu sprechen brauchten, sie waren aufeinander eingestellt, und im gemeinsamen Schweigen erfuhren sie die Gedanken aus der Tiefe der Seelen. Bobik konnte es kaum fassen, seiner totgeglaubten Mutter gegenüber zu sitzen. Er forschte in den Zügen ihres Gesichts. Er war jetzt siebzehn, also mußte sie sechsunddreißig sein. Immer noch sah sie wie eine junge Frau aus, man würde ihr nicht mehr als Ende zwanzig gegeben haben. Die großen schwarzen Augen hatten ihren alten Glanz, und der feine Mund war zum Lächeln bereit. Es war die gleiche Jadwiga, die Herrin von Girejewo, die seiner Kindheit und Jugend Schutz und Wärme verliehen hatte. Er griff nach ihrer Hand und küßte sie.

„Hast du von Sascha etwas gehört?"

Sie schüttelte den Kopf. „Nichts, die Grenzen zur Ukraine sind abgeriegelt. Die Bürgerkämpfe in ganz Rußland dauern an. Aber leider hausen die Weißen in den von ihnen eroberten Gebieten mit gleicher Härte und Grausamkeit wie die Roten, so daß die Bevölkerung nicht weiß, welcher Partei sie sich zuwenden soll. Es ist eine furchtbare Tragödie, die unser Land durchmacht, und niemand weiß, wie es enden soll. Der Hunger, die Not und das Elend verderben und verrohen die Menschen, sie werden zu Tieren. Ihr könnt froh sein, daß ihr der Hölle entronnen seid."

„Ja, wir leben hier in relativer Behütung, aber es ist uns alles fremd, wir haben den Eindruck, als ob die Menschen hier nebeneinander und nicht miteinander lebten. Das Herz bleibt leer. Die Offenheit und Zärtlichkeit, an die wir zu Hause gewöhnt waren, gibt es hier nicht, und das macht uns traurig und unglücklich."

„Aber Bobik, ich versichere dir, das ist auch in Rußland vorbei. Jetzt in der schrecklichen Not und Hungerzeit sind die Menschen in Rußland böse und mißtrauisch, mißgünstig und gereizt, jeder weiß sich bespitzelt – gut, das gab es schon in der Zarenzeit, aber alles ist gröber und vordergründiger geworden. Du findest dort nichts von der alten Herzlichkeit wieder. Ich habe mir vorgenommen, alles, was mir hier fremd erscheint zu respektieren, hinzunehmen und mir Mühe zu geben, ein angenehmer Gast zu sein. Du kannst dich in einem fremden Land nur einleben, wenn du dazu bereit bist. Sie haben dich nicht gerufen, du bist zu ihnen verschlagen worden wie ein Schiffbrüchiger, nun sei dankbar, daß du unter ihrem Dach leben und ihr Brot essen darfst, sie teilen die Kargheit mit dir, sei dankbar dafür! Du stehst vor dem Abschluß der Schule. Hast du dir schon überlegt, was du werden willst?"

„Ich bin entschlossen, Arzt zu werden, du weißt, es ist mein Wunsch seit der Zeit, als wir das Lazarett für Hirnverletzte in Girejewo errichtet hatten. Aber Karluscha will nichts davon wissen, er will mich zum Ingenieurstudium pressen, damit ich die Tradition seiner Familie fortsetze. Und wenn er seine Fabriken in Moskau wiederbekommt, soll ich sie leiten. Ich interessiere mich aber nicht für die Technik, ich bin völlig unbegabt dafür!"

„Und was hast du unternommen, um Medizin zu studieren? Hast du es Karluscha gesagt?"

„Wie soll ich denn, wenn ich nur ein Wort darüber sage, fährt er mir über den Mund, er findet, die Technik allein habe Zukunft, Medizin sei ein brotloser Beruf, ich solle mir dieses Berufsziel aus dem Kopf schlagen."

„Dennoch mußt du den Mut haben, in aller Entschiedenheit mit ihm darüber zu sprechen und deinen Willen durchsetzen."

„Kannst du nicht mit ihm darüber sprechen, Mutter?"

„Nein, Bobik, ich werde es nicht tun. Wenn einem

eine Sache wichtig ist, muß man auch bereit sein, dafür zu kämpfen."

Sie verabschiedeten sich, denn nebenan saß Wera und wartete auf die Begegnung mit ihrer Mutter.

„Hast du dich eingelebt, Weruschka? Oder leidest du genauso unter der Fremdheit wie Bobik?"

„Ich habe mich viel besser eingelebt, ich stelle nicht so hohe Forderungen an die Menschen und die Familie wie Bobik. Sie sind auch alle nett zu mir."

„Hast du schon Freundinnen?"

„Eigentlich nicht, sie haben zu wenig erlebt, und ich fühle mich viel älter als sie, eigentlich sind sie noch gackernde Gänse, und ich bin darüber hinaus, oder ich habe dieses Stadium in der Not übersprungen. Aber ich habe einen Freund, das ist Alfred, du hast ihn gesehen. Er ist ein richtiger Freund, ein treuer."

Weras Augen glänzten.

Jadwiga schaute sie aufmerksam an. „Bist du verliebt? Ist es nicht ein wenig zu früh?"

„Verliebt bin ich auch, aber bitte sag es niemandem, auch nicht Bobik oder Tante Lucie oder Vater. Vater ist gegen diese Freundschaft, er kann Alfred nicht leiden, ich kann ihn also nur in Bobiks Gegenwart sehen.

Weißt du, Mami, er war der erste Mensch, dem wir hier begegnet sind, und er war immer gut zu uns, er hat Bobik gegen die Kameraden beschützt, er lacht nie, wenn wir Worte oder Sätze falsch aussprechen, er verspottet uns nicht wegen unserer Sitten, und er liebt die russische Literatur und russische Menschen. Ohne ihn hätten wir es schrecklich schwer hier und wären sehr einsam."

„Ich freue mich, daß ihr einen so guten Freund gefunden habt, seid dankbar und pflegt diese Freundschaft. Weißt du was, wenn ich mich etwas ausgeruht und eingelebt habe, werde ich dich zusammen mit Alfred einladen, mit mir spazieren zu gehen." Wera fiel Jadwiga um den Hals und küßte sie ab. „Mamotschka, jetzt, wo du da bist, wird alles wieder gut!"

Umbruch und Wende

Passenkas Einordnung in die neuen Verhältnisse vollzog sich durchaus nicht so reibungslos, wie man gehofft hatte. Er hatte offenbar, im Unterschied zu seiner Schwester Wera, die Jadwigas Temperament geerbt hatte, sehr viel Ähnlichkeit mit seinem Vater Karluscha, er war eigensinnig und jähzornig. Wenn ihm etwas nicht paßte, und es paßte ihm außer dem Essen fast gar nichts, dann versuchte er mit Gewalt, seinen Willen durchzusetzen. Man konnte ihn nicht dazu bewegen, sich mehrmals am Tage die Hände zu waschen, er wischte sich die fettigen Hände am Tischtuch ab, obwohl seine Serviette neben seinem Teller auf dem Tisch lag. Er weigerte sich auch, der Grandma die Hand zu küssen. Aus Nichtsnutzigkeit schüttelte er der alten Dame so kräftig die Hand, daß sie laut schrie. Darauf versetzte der sonst stille und geduldige Großvater dem Bengel eine schallende Ohrfeige. Passenka geriet in Wut und schlug zurück. Zum Glück war Karluscha nicht zugegen. Bobik ergriff den kleinen Kerl und schleppte ihn auf sein Zimmer.

„Hier bleibst du, bis du dich abgekühlt hast! Solch ein Benehmen sind wir nicht gewöhnt. Du bringst Schande über uns alle!"

„Wenn man mich haut, haue ich wieder, das lasse ich mir nicht gefallen!"

Bobik mußte lächeln, er erinnerte sich, daß er die gleichen Vorstellungen von Unantastbarkeit hatte.

„Ich verlange von dir, daß du dich bei Grandma und beim Großvater entschuldigst. Andernfalls werden sie diesen Vorfall Karluscha erzählen; was Vater dann mit dir macht, kannst du dir denken, du kennst ihn und hast schon einige Kostproben erlebt."

Das zog offenbar. Nach einer Weile kam Passenka herunter, er küßte Grandmas Hand und entschuldigte sich. „Ihr habt ja schon angefangen mit dem Essen ohne mich?" fragte er, nur um etwas zu sagen.

„Es ist ein Wunder, daß du uns überhaupt mit deiner Gegenwart beehrt hast, wir danken dir", sagte Großvater mit beißendem Humor. Passenka errötete.

„Als ich so alt war wie du, hätte ich nicht gewagt, auch nur eine Sekunde zu spät zu komen, wir wagten bei Tisch auch nicht zu sprechen. Wir hätten solche Prügel bezogen, daß wir eine Woche lang nicht auf unserem Allerwertesten hätten sitzen können. Ja mein Sohn, so war es damals!" Passenka wagte nicht zu widersprechen, er schielte den Großvater von der Seite an.

Passenkas Einfluß auf die Kinder, mit denen er auf der Straße spielte, war auch nicht der beste. Seitdem er in das Barockhaus eingezogen war, gab es dauernd Streit unter den Kindern. Passenka jagte und schlug die schwächeren Kinder, zwickte die Mädchen und brachte den Kindern allerlei Unarten bei, die er auf dem Sucharewkamarkt in Moskau gelernt hatte. Die Kinder fürchteten sich vor ihm, fühlten sich aber andererseits von seiner Wildheit angezogen. Ida berichtete Bobik, daß täglich Nachbarn telefonierten oder an der Tür klingelten, um sich zu beschweren, daß er die Mädchen schlug und ihnen die Kleider zerriß. Ida hatte Angst, Karluscha die Beschwerden zu überbringen und beklagte sich bei Bobik. Aber es gelang Bobik nicht, seinen ungestümen Bruder zu besänftigen.

Eines Abends begegnete Karluscha auf dem Heimweg seiner Cousine Albertina Funke. Er war in Gedanken versunken und merkte nicht, daß er ihr schnurstracks in die Arme lief. Er konnte nicht mehr ausweichen. Sie war eine sauertöpfische, reiche ältere Dame, die nur drei Tage verheiratet gewesen war. Der Ehemann hatte es vorgezogen zu verschwinden; kein Ozean war groß genug, um ihn von seiner Frau zu trennen, so ging er nach Java, wo er als junger Mann an den Folgen einer Tropenkrankheit starb.

In der Gesellschaft nannte man Albertina „die Javanerin", man spottete über sie, aber man fürchtete ihre spitze Zunge, sie war die Klatschbase der Stadt. Sie fehlte bei keinem Kaffeekränzchen, es war unmöglich, sie nicht einzuladen, da sie zu den vornehmsten, ältesten Familien der Stadt gehörte und mit vielen verwandt war. Sie erzählte die atemberaubendsten Klatschgeschichten.

Karluscha sah sich also plötzlich Albertina gegenüber. Sie ergriff seine Hand und ließ sie nicht mehr los. „Wie gut, daß ich dich treffe, Karl! Man erzählt sich so viel von dir. Deine geschiedene russische Frau ist ja hier, und ich habe gehört, daß ihr euch sogar trefft; und zwar in dem vornehmsten Restaurant, wo alle dich kennen! Ihr seid doch geschieden, wo gibt es denn so etwas, daß geschiedene Eheleute sich treffen! Das ist ein Skandal! Du solltest dir bald eine Frau suchen, aber keine Fürstin und keine Schönheit wie Jadwiga, sondern eine aus unseren gediegenen Kreisen, eine Hausfrau. Da ist doch zum Beispiel die Gisela, Mitte Vierzig, das wäre doch was!"

„Danke dir für deine Güte und Fürsorge, Albertina, ich weiß, du hast sicherlich ein halbes Dutzend sauertöpfischer Damen für mich! Aber wenn ich mir jemanden zur Frau wähle, so kannst du sicher sein, daß ich dich nicht um Rat fragen werde und am wenigsten um ihren Leumund, denn du zermalmst jeden guten Ruf!"

Darauf war sie nicht gefaßt, sie wurde erst blaß, dann puterrot, und nun ging sie zum Frontalangriff über. „Ihr liefert mir ja das Material, ich brauche mir nichts auszudenken. Die ganze Stadt spricht von deinem jüngsten Sohn, der sich wie ein kleiner Teufel benimmt. Die Leute sagen ‚der Apfel fällt nicht weit vom Stamm!' Du weißt doch, daß sie dich in der Fabrik den ‚scharfen Rittmeister' nennen!"

Karluscha war außer sich vor Wut. Er kehrte ihr den Rücken und ging so schnell er konnte nach Hause. Er rief Bobik zu sich. „Man hat mir hinterbracht, daß Passenka nur Dummheiten im Kopf hat. Ist das wahr?!"

„Ja, er ist jetzt zehn Jahre alt, und so etwas kommt vor. Außerdem fällt ihm das Eingewöhnen sehr schwer. Ich habe schon öfter mit ihm gesprochen."

„Warum erfahre ich als Vater so etwas nicht? Mir wird es von Tante Albertina, der stadtbekannten Klatschbase, hinterbracht! Ich verlange, über alles unterrichtet zu werden, was hier im Haus vorgeht, verstanden?!"

Ida schlug den Gong, um Bobik von dem peinlichen Gespräch zu befreien. Man versammelte sich um den Tisch. Alle schauten ängstlich auf Karluschas erhitztes Gesicht, und niemand wagte ein Wort zu sagen. Nur Passenka blieb ungerührt. Er fand irgend etwas in der Suppe und zeigte es herum. Nun konnte Karluscha sich nicht mehr beherrschen, er sprang auf, lief zu Passenka, schlug ihm heftig auf die Hand, daß sie in den Suppenteller klatschte und gab ihm einen gehörigen Katzenkopf. Passenka schlug durch den unerwarteten Stoß mit der Stirn auf sein Wasserglas, es gab Scherben, und die Stirn blutete. Karluscha brüllte irgend etwas und rang nach Luft, alle anderen saßen wie erstarrt. Passenka war zu Tode erschrocken. Das Blut lief ihm von der Stirn, er wurde schneeweiß und lief aus dem Zimmer. Bobik rannte ihm nach und brachte ihn in seine Mansarde. Dort wusch Wera seine Stirnwunde, keiner sagte ein Wort. Nach einer Weile begann Passenka leise vor sich hin zu weinen. „Was habe ich denn gemacht, was hat Vater gegen mich?"

Bobik beruhigte ihn und streichelte seine Wange. „Sei nur ruhig; das ist wegen deines schlechten Be-

nehmens auf der Straße. Vater hat davon erfahren; nun siehst du, was es für Folgen hat."
Inzwischen machte Großvater seinem Sohn Karluscha eindeutig klar, was er von dem Vorfall hielt: „Du benimmst dich wie ein Tobsüchtiger, wie kann man sich einem Kind gegenüber so gehen lassen!" Er stand auf, faltete seine Serviette und verließ das Eßzimmer. Grandma trottete hinter ihm her.
Karluscha bat Ida, sie möchte Bobik zu ihm schicken und ging in sein Arbeitszimmer. Er fühlte sich wie ein Aussätziger, den alle mieden. Sein Ausbruch tat

ihm leid, aber er hatte nicht den Mut, sich zu entschuldigen.

Mit Herzklopfen betrat Bobik das Zimmer seines Stiefvaters. „Setz dich bitte, Bobik. Willst du ein Glas Wein mit mir trinken?" fragte Karluscha höflich. Bobik setzte sich, noch nie hatte er allein ein Gespräch mit Karluscha geführt.

„Wie geht es Passenka, es ist doch hoffentlich nichts Ernstliches mit der Stirnwunde?"

„Nein, es ist nur eine Platzwunde. Ich habe sie ihm verbunden. Aber Passenka ist ganz verstört, er wußte auch nicht, weswegen dieser Ausbruch und die Schläge kamen. Du darfst wirklich nicht so mit ihm umgehen!" Bobik hörte seine eigene Stimme solche strengen Worte sagen, und er staunte: alle Angst und Beklommenheit gegenüber Karluscha waren plötzlich weg, er konnte mit ihm wie mit jedem anderen Menschen sprechen. „Wenn du dich beruhigt hast, geh bitte zu Passenka, sei freundlich zu ihm und bitte ihn um Verzeihung."

Karluscha nickte, aber er war unsicher, ob er denn als Vater seinen kleinen Sohn um Verzeihung bitten müsse. Aber er fühlte sich erleichtert, daß er endlich einen Gesprächspartner hatte, und er fand, daß er Bobik ernstnehmen konnte.

„Nächstes Jahr machst du Abitur. Du hast noch nie die Glockenwerke und das Walzwerk von Onkel Julius besichtigt. Ich möchte dir alles zeigen.

Wir machen den edelsten Stahl in der Welt. Ich zeige dir auch die ältesten Höfe und Hausindustrien meiner Familie, die hier schon im siebzehnten Jahrhundert im Kleinstbetrieb Stahl produzierte. Diese Stahlklingen gingen und gehen in die ganze Welt, bis in den Orient und nach Amerika. Du wirst die Fertigung von ihren allerersten Anfängen bis zu den kompliziertesten technischen Vollkommenheiten kennenlernen. Wir sind stolz auf unsere Arbeit."

„Werden in den Glockenwerken auch Glocken gegossen?" fragte Bobik.

„Nein, sie heißen so nach unserem Wappen, in dem drei Glocken sind, danach wurde das Werk ‚Glockenstahlwerk' genannt. Willst du lieber in Aachen oder in Göttingen studieren, dort gibt es Ingenieurhochschulen."

Aber Bobik entgegnete: „Darf ich dich um etwas bitten? Ich hatte es schon mehrmals angedeutet, ich bin technisch unbegabt und nicht interessiert. Ich habe nur einen ernstlichen Berufswunsch, Arzt zu werden. Es ist ein ehrbarer Beruf, und ich will den Menschen helfen."

„Du kannst ihnen auch als Techniker helfen."

„Ja, aber das ist etwas anderes, ich will die unmittelbare Beziehung von Mensch zu Mensch. Und schließlich hast du noch Passenka, der technisch begabt ist und später dein Werk fortsetzen kann."

Karluscha schwieg eine Weile, dann stimmte er seufzend zu. „Gut, wenn es dir ein ernstes Bedürfnis ist, dann studiere Medizin, ich weiß, du wirst mir keine Schande machen."

Bobik ergriff vor Rührung Karluschas Hand und küßte sie. Karluscha hatte Tränen in den Augen. „Geh jetzt schlafen, ich gehe hinauf und schaue nach Passenka. Und wollen wir nicht gelegentlich eine Flasche Wein zusammen trinken? Ich bin hier auch sehr allein. Die breite russische Natur färbt ab, auch ich finde mich in dieser Enge und Kleinstadtatmosphäre nur schwer zurecht. Warum haben wir nicht schon längst zusammen gesprochen?"

„Wolltest du es denn?" fragte Bobik.

„Ich weiß es nicht, gewollt habe ich es schon, aber man betrachtet die Kinder als Kinder, und plötzlich merkt man, daß sie auch denkende Menschen sind, das ist ein seltsames Erlebnis, plötzlich ist ein Partner da. Und du wolltest doch auch nicht, sei ehrlich!"

„Wie sollte ich auch. Ich hatte immer Angst vor dir! Du warst unnahbar und immer gleich aufgeregt, und das erzeugt Angst. Auch zu Hause in Girejewo hatten alle immer Angst vor dir, außer Babuschka, Njanja und Aleksandr."

Karluscha lächelte verschmitzt. „Vielleicht ist es gar nicht schlecht, wenn die anderen Angst vor einem haben."

54

„Schlecht vielleicht nicht, aber wie viel besser ist es, wenn man Vertrauen zu einem Menschen hat, wenn man sich durch ihn beschützt fühlt."

Karluscha umarmte Bobik zum erstenmal und küßte ihn. „Wir wollen Freunde werden!"

„Danke dir, danke!" sagte Bobik aus bewegtem Herzen.

Er ging in seine Mansarde. Auf einem ovalen Wandtischchen standen seine größten Schätze, eine kleine Ikone, die seinem Ahnen Brenko Tschelo gehört hatte, der 1380 im Kampf gegen die Tartaren gefallen war, dann der obere Teil eines Wojewodenstabs und der Siegelring des Heiligen Fürsten Michail von Tschernigow, der 1445 von den Tartaren lebendig verbrannt worden war – alle diese Gegenstände hatte Bobik aus der Kirche seines väterlichen Gutes Krasnoje Selo gerettet, als die Gebäude von Bolschewisten in Brand gesteckt worden waren. Daneben stand das Bild seines Vaters Sascha und ein Foto seiner Mutter. Mit zärtlichen Blicken betrachtete er alles, dann kniete er voll Dankbarkeit nieder. Er wartete, bis er sich ganz beruhigt hatte. „Herr der Welt", sagte er leise, „ich danke dir. Du hast mich errettet vom Hunger, Elend und vom Tode, und weil ich hier fremd war, habe ich es unterlassen, dir zu danken, ich empfand diese Wende nicht als dankenswert. Aber du überschüttetest mich mit deinen Gnaden. Du schenktest mir meine

Mutter und meinen Bruder unversehrt wieder. Und du ließest mich die lähmende Angst vor Karluscha heute überwinden. Du lenkst mein Schicksal. Nun darf ich Arzt werden. Ich danke dir, ich danke dir! Nun werde ich aus dem Frieden mit meinem deutschen Stiefvater auch Deutschland und die Deutschen als meine Gastgeber lieben lernen, ehren und anerkennen. Heute hast du meinem Leben einen neuen Inhalt gegeben."

Es war dunkel und still. Irgendwo tickte melodisch eine Uhr, und er hörte dumpf sein Herz schlagen. Er war glücklich und dankbar.

Wera und Alfred

Jadwiga hatte sich im Hause von Tante Lucie erholt. Sie war es nicht mehr gewöhnt, untätig zu sein, sie wollte die Gastfreundschaft ihrer Freundin nicht über Gebühr strapazieren. In Berlin hatte sie einige Freunde und Verwandte ausfindig gemacht und mit ihnen Verbindung aufgenommen, außerdem lebten dort viele russische Emigranten. So beschloß sie, sich in Berlin eine Existenz aufzubauen. Bobik, Wera und Passenka waren mit ihrem Plan einverstanden. Passenka wurde eingeschult und begann, sich den neuen Verhältnissen anzupassen.

Nach dem denkwürdigen Vorfall mit Karluscha hatte sich auch sein Verhältnis zum Vater gebessert. Den größten Einfluß auf ihn gewann ihr gemeinsamer Freund Alfred. Passenka schmeichelte die Freundschaft mit dem jungen Mann, er ging in die unterste, Alfred in die oberste Klasse des Gymnasiums, so fühlte er sich beachtet und beschützt. Zwar war er Manns genug, sich gegen seine Klassenkameraden zu behaupten, er war stark, mutig und gewandt, aber noch besser war es, einen großen Freund im Hintergrund zu haben. Die kleinen Mitschüler beneideten ihn um diese Freundschaft.

Alfred lud Passenka öfter zu sich nach Hause ein. Alfreds Mutter freute sich über Passenkas Besuch, sie steckte ihm Leckerbissen zu, und es tat ihm wohl zu wissen, wohin er gehen konnte, wenn seine Mutter nach Berlin ging. Von Bobik ließ er sich nicht gerne etwas sagen, er war voller Widerspruch und sperrte sich gegen seine Ermahnungen. Alfred dagegen sprach mit ihm wie ein gleichaltriger Kamerad, er erklärte ihm geduldig, warum er sich nicht so verhalten sollte. Passenka verteidigte zwar seine Auffassung, aber schließlich gab er nach; nicht weil er überzeugt war, sondern um seinen Freund nicht zu kränken.

Karluscha stand Alfred weiterhin ablehnend gegenüber. Er spürte, daß Alfred und Wera sich nicht gleichgültig waren und wollte eine engere Bindung mit allen Mitteln verhindern, so daß sich die beiden Liebenden nur heimlich treffen konnten.

Jadwiga lud Alfred gelegentlich zu sich oder zu einem Spaziergang ein. Er faßte Vertrauen zu ihr; er spürte ihre Einzigartigkeit, und ihr Vertrauen beglückte ihn. Begeistert hörte er Jadwigas Erzählungen über Rußland und über andere Länder, die sie bereist hatte, zu. Jadwiga sah die Dinge nie schwarz oder weiß, immer versuchte sie, sich in fremd anmutende Gegebenheiten hineinzuversetzen, die Eigenheiten anderer Menschen und Länder zu verstehen und die Zusammenhänge zu erfassen. Dabei lernte Alfred, der als Kleinstadtkind mit der Bindung an lokale Traditionen aufgewachsen war, eine neue, großzügige Einstellung allem Fremden gegenüber.

„Du bist noch sehr jung, und eine lange Ausbildung steht vor dir, Alfred. Jetzt bist du verliebt in meine Werotschka, sie ist hübsch mit ihren großen braunen Augen und den kastanienbraunen Zöpfen, sie ist nicht dumm, und sie hat einen sanften, guten Charakter. Aber sie kommt aus einer anderen Welt, sie ist leider nicht dazu erzogen worden, mit praktischen Dingen umzugehen. Heute weiß ich, daß das falsch war, aber damals habe ich es nicht besser gewußt. Ich selbst habe auch keinerlei Haushaltsführung gelernt. Bei uns war es undenkbar, daß eine Frau unserer Gesellschaft kochte, Geschirr spülte, Knöpfe annähte und Staub wischte, sie durfte nicht einmal die Küche betreten, dafür waren andere da. Jetzt, wo sich die Verhältnisse grundlegend geändert haben, bedaure ich meine Unwissenheit in diesen Dingen, aber früher wäre ich nicht auf die Idee gekommen, irgendeine Hausarbeit zu tun. Ich glaube, das Gesinde wäre vor Empörung davongelaufen. Eure Mädchen lernen selbstverständlich, wie man einen Haushalt führt. Ich finde das großartig und beneide sie. Aber meine Wera hat es nicht gelernt. Du aber wirst eine gute, gediegene Hausfrau haben wollen, und glaubst du nicht, daß Liebe und Bewunderung schnell verfliegen, wenn das Essen angebrannt oder versalzen ist und die abgefallenen Knöpfe nicht angenäht sind? Alfred, du mußt es dir sehr genau überlegen! Ich weiß, daß Wera dich liebt und bewundert, und daß du außer mir der einzige Mensch bist, der ihr Schutz bietet. Mit ihr und Bobik gab es zu Hause viel Streit, Zank und Eifersucht, das hat sich hier gebessert. Aber ich bin sicher, wenn sie Kummer oder andere Probleme hätte, sie würde nicht zu Bobik, sie würde damit zu dir gehen."

„Tante Jadwiga, ich kenne Wera und Bobik jetzt schon fast zwei Jahre. Kein Mädchen beeindruckt mich so wie Wera. Ich weiß, daß sie anders ist als deutsche Mädchen, aber ich liebe und respektiere diese Andersartigkeit, und ich habe auch keine

Angst, daß meine Liebe zu ihr erkaltet oder daß ich enttäuscht sein werde, weil sie noch nicht kochen kann, das wird sie schon noch lernen."

„Aber du wirst es auch mit Karluscha schwer haben, er ist mißtrauisch und sieht diese Verbindung nicht gern, das weißt du. Übereile also nichts und entscheide dich erst, wenn du deine Ausbildung abgeschlossen hast. Versprich mir das."

Alfred versprach es ihr, ehe sie nach Berlin ging. Bobik, Wera, Passenka und Alfred begleiteten Jadwiga zum Bahnhof. Lange winkten sie, bis der Zug hinter einer Biegung verschwand.

Für Bobik wurde der Aufenthalt in der Stadt ohne die Gegenwart seiner Mutter unerträglich. Wem anders sollte er sich anvertrauen als Alfred. „Ich habe beschlossen, zum Militär zu gehen."

„Bist du verrückt, was willst du beim Militär? Hast du nicht genug vom Krieg?"

„Vom Krieg habe ich wahrhaftig genug, aber ich halte es hier nicht mehr aus. Wohin soll ich gehen? Ich habe keine Mittel, in einer anderen Stadt zu leben. Alle meine Vorfahren waren Soldaten. Und ich glaube, etwas Unterordnung und Drill wird mir guttun."

„Aber das ist doch Unsinn und Flucht vor den Verhältnissen."

„Das ist es, aber eine selbstgewählte, und ich werde durchhalten. Hier ersticke ich."

Alfred erfuhr, daß sein Vater, dessen Konstruktionsbüro vorwiegend für die Glockenwerke arbeitete, gemeinsam mit Karluscha ein Ingenieurbüro gegründet hatte. Nach dem Abitur sollte Alfred dort seine Lehre absolvieren. Er erzählte Wera von diesem Beschluß. Sie lächelte verschmitzt. „Und ich soll nach meiner Schulentlassung dort Buchführung machen. Dann sind wir ja zusammen! Weiß mein Vater davon? Ich glaube, er würde mich eher nach Kamtschatka schicken als in ein Büro mit Ihnen zusammen."

Wera begann die Arbeit im neu eingerichteten Büro. Karluscha und Alfreds Vater hatten getrennte Arbeitsräume. In den anderen Büros waren Zeichner und zwei Sekretärinnen untergebracht. Wera hatte ein eigenes Arbeitszimmer. Karluscha stellte ihr Alfreds Vater vor, den sie noch nicht kannte. Dann gingen sie zu dritt durch den Betrieb. In einem kleinen Zimmerchen saß Alfred vor einem großen Tisch. Bei seinem Anblick blieb Karluscha wie angewurzelt stehen. „Wer ist denn das, was macht der hier?"

„Das ist mein Sohn und späterer Teilhaber des Geschäfts."

Karluscha war so verdutzt, daß er vergaß, Alfred die Hand zu reichen. Oder wollte er es nicht?

Wera und Alfred trafen sich nun täglich im Geschäft. Karluscha war weiterhin Direktor in den

Glockenwerken und kam nur stundenweise in das Büro, aber man wußte nie, wann er kam, und die Liebenden mußten aufpassen, daß er sie nicht zusammen traf. Eines Sonntags lud Alfreds Mutter Wera zum Tee ein. Wera nahm dankend an, mußte aber erst den Vater um Erlaubnis fragen.

„Das paßt mir ganz und gar nicht, du sollst zwar im Büro arbeiten, aber darin sind keine freundschaftlichen Beziehungen zur Familie Scharwächter einbegriffen. Du hast nun eigenwillig zugesagt, also mußt du hingehen. Aber bitte, halte auf Distanz!"
Wera machte sich schön. Sie zog einen weißseidenen Pullover an, der ihre Figur unterstrich. Gerade wollte sie die Konturen ihrer dichten Augenbrauen mit einem Stift nachziehen, da erschien Karluscha in der Tür.

„Was ist das für ein unmöglicher, knapp sitzender Pullover?! Schämst du dich nicht? Sofort ziehst du ihn aus!"
Wera wehrte sich: „Mutter hat mir diesen Pullover geschenkt, und sie hat einen guten Geschmack. Ich behalte ihn an!"
Karluscha drehte unwillig an seinem roten Schnurrbart. „Ich möchte dir einige Anweisungen geben, die du zu befolgen hast. Laß dich nicht überreden, zum Abendessen zu bleiben, komm bei Tageslicht heim, und der junge Herr Scharwächter soll sich nicht einfallen lassen, dich zu begleiten. Ich wünsche

keine Freundschaft zwischen euch, ich habe ganz andere Pläne mit dir."

Wera entgegnete nichts und ging.

Das Haus Scharwächter strahlte Gemütlichkeit aus. Der Kaffee war heiß, schwarz und bitter, und Alfreds Mutter hatte herrliche Kuchen gebacken. Sie umarmte Wera mit großer Herzlichkeit, bewunderte ihre Schönheit und Anmut, fand, daß der Pullover ihr gut stand, und bewirtete sie mit mütterlicher Fürsorge. Wera fühlte sich sofort zu ihr hingezogen. Alfreds Vater war groß und breitschultrig und sprach wenig. Aber manchmal nickte er Wera aufmunternd zu, so daß sie spürte, hinter der rauhen Schale verbirgt sich ein mitfühlendes Herz.

Nach dem Kaffee ging der Vater in sein Arbeitszimmer, und die Mutter deckte den Tisch ab. Schüchtern bot Wera ihre Hilfe an, doch Frau Scharwächter winkte ab. Wera war darüber heilfroh, weil sie noch nie geholfen hatte und ängstlich war, sie könnte Porzellan zerschlagen oder Kuchen fallen lassen. Alfred wußte von Bobik, daß Wera leidenschaftlich gern Klavier spielte, und er bat sie, etwas vorzuspielen. Sie setzte sich ans Klavier und spielte Beethoven und Chopin. Dann spielte sie russische Volkslieder und sang dazu. Alfred war von dem Anblick des fremden, anmutigen Mädchens, von ihrer melodischen, dunklen Stimme und von der Musik ganz verzaubert. Schüchtern legte er ihr die

Hand auf die Schulter. Die Ermahnungen Karluschas fielen Wera ein und sie mußte lachen. Damit war die feierliche Beklommenheit gelöst.

Als Wera gehen wollte, bat Alfred sie, ob sie sich bald wieder treffen könnten. Wera überlegte und sagte: „Ja, auf dem Friedhof."

Alfred wurde blaß, er nahm diese Bemerkung als Absage, als wenn es heißen sollte: bei der Beerdigung von einem von uns.

Aber Wera erklärte ganz unbefangen: „Wissen Sie, auf dem Stadtfriedhof ist es ganz ruhig, da kommt selten jemand hin, und mein Vater wird uns da nicht vermuten." Sie lachten beide.

Täglich trafen sich Wera und Alfred im Büro. Doch die Angestellten und besonders die Sekretärinnen durften nichts davon merken. Alfred flanierte mit einer großen Mappe, die nach Arbeit aussah, über den Gang, und kam unter irgendeinem Vorwand in Weras Zimmer. Vor allem mußten sie aufpassen, daß Karluscha sie nicht zusammen traf. Wera konnte von ihrem Fenster aus die Straße übersehen. So fand Karluscha Wera allein in ihre Arbeit vertieft, wann immer er kam. Aber eines Tages änderte er seinen Weg zum Büro, machte einen Umweg und kam von der anderen Seite der Straße. Doch der fünfzehnjährige Lehrling, der die Freundschaft der beiden Chefkinder längst erraten hatte, sah Karluscha kommen und warnte die beiden. Karluscha fühlte genau, daß er hintergangen wurde, aber es gelang ihm nicht, Wera und Alfred zu ertappen. Es dauerte nicht lange, bis sich die beiden Teilhaber des neu gegründeten Ingenieurbüros zerstritten, weil sie sich gegenseitig mißtrauten und bespitzelten. Beide waren herrschsüchtig und eigenwillig. Die Atmosphäre im Betrieb war unerträglich, weil die beiden Chefs die Kunden und Angestellten gegeneinander auszuspielen versuchten. Wera hatte genug von dem Intrigenspiel, in das sie hineingezogen wurde und beschloß, zu ihrer Mutter nach Berlin zu gehen.

Jadwiga in Berlin

Jadwiga hielt Verbindung mit ihrer Freundin Lily, die mit ihr die Not und das Elend der Flucht aus der Sowjetunion geteilt hatte. Ihr Mann Jusja, ein bedeutender Geiger, war nach all den schrecklichen Erlebnissen während der Revolution in schwere Depression verfallen. In jener Nacht, als sie auf der Flucht über die Grenze waren und das kleine Kind mit dem Wagen und den Pferden im Sumpf versank, war er völlig verwirrt. Damals war Lily zu Jadwiga in den Wagen gekrochen, in dem sie zusammengekrümmt unter einer Decke lag. Sie hatte sie verzweifelt an der Schulter gerüttelt und gefleht: „Jadwiga, helfen Sie mir, Jusja ist fort, er wird sich etwas antun, seine Nerven halten diese Anspannung und das unaufhörliche Grauen nicht mehr aus. Helfen Sie mir um Gottes willen, ihn zu suchen!"

Jadwiga war sofort hellwach, sie suchten lange im Dunkeln, schließlich fanden sie Jusja schluchzend und völlig verstört. Sie stützten den verzweifelten Mann, schleppten ihn zum Wagen, und Jadwiga versuchte, ihm Mut zuzusprechen: „Bald sind wir am Ziel, Jusja, noch zwei, drei Tage, dann sind wir über die Grenze, dann beginnt ein neues Leben. Sie müssen noch so viel Kraft aufbringen, es durchzuhalten. Wir stehen doch alle in gleicher Not!"

„Was nennen Sie ein neues Leben? Wir kommen in ein anderes Land, in eine andere Kultur, die Menschen dort haben genug andere Sorgen, und sie haben uns nicht gerufen. Dort sind wir Fremde, wir wollen teilhaben an ihrem kargen Brot. Wir werden sein wie Aussätzige. Ich habe Angst, nackte Angst, verstehen Sie das?"

Jadwiga verstand es gut, hatte sie doch ähnliche Gedanken, aber die Kraft des Überlebenwollens war größer als ihre Angst.

„Wenn ich verzagen will, rufe ich mir die Geschichte des Tartarenfeldherrn Tamerlan ins Gedächtnis. Der siegreiche Herrscher und Feldherr verlor einst eine große Schlacht, der Rest seiner Soldaten und Generale war auf der Flucht. Er verbarg sich in einer Höhle, verzweifelt und bereit, seinem Leben freiwillig ein Ende zu bereiten. Da wurde seine Aufmerksamkeit von einer Spinne in Anspruch genommen. Sie baute an ihrem Netz, aber der Wind zerriß die Fäden, mit denen das Netz an der Wand der Höhle befestigt war. Immer wieder flickte die Spinne ihre beschädigte Behausung. Die ganze Nacht beobachtete Tamerlan ihr Tun. Dann sagte er zu sich: ‚Was diese kleine Spinne kann, warum soll der große Feldherr Tamerlan es nicht auch können?' Er suchte die Überbleibsel seiner Armee, sprach den Männern Mut zu, griff seine überraschten Feinde an und siegte. Die kleine Spinne hatte ihn belehrt."

Jusja schaute zu Jadwiga auf, er nahm ihre Hand und küßte sie wortlos. Am dritten Tag danach kamen sie unbehelligt über die Grenze.

Lily war direkt nach Berlin gegangen. Sie war bereit, Jadwiga ein Zimmer in ihrer Wohnung in Friedenau abzugeben. Als Jadwiga am Bahnhof Zoo ankam, suchte sie nach den vertrauten Gesichtern ihrer Freunde, aber niemand war da, sie zu empfangen. Sie wurde traurig und fühlte sich verlassen in der fremden großen Stadt. Aber dann verbot sie sich alle unnützen Gedanken und versuchte, sich mit plausiblen Gründen zu trösten.

Man kann nie wissen, was einem dazwischen kommt, und die Russen sind nie sehr pünktlich und zuverlässig, vielleicht hatte Lily sich im Tag geirrt. Sie ließ sich zur Wohnung fahren, stieg die Treppe hinauf und klingelte. Es verging lange Zeit, bis sie langsame Schritte hörte. Jusja machte ihr auf. Er war schwarz gekleidet.

„Wo ist Lily"? fragte Jadwiga beklommen.

„Sie ist tot, sie hielt es in der Fremde nicht mehr aus. Mir hat sie zu neuem Lebensmut geholfen, aber sie selbst hatte nicht mehr die Kraft."

Jadwiga konnte es nicht fassen: „Die heitere Lily, die uns so oft aufgemuntert hat, die immer lustig war?"

„So war sie vor den Menschen, dahinter verbarg sie ein verletzliches Gemüt. Aber kommen Sie herein, Jadwiga, bleiben Sie hier, wenn Sie in einem Totenhaus leben wollen."

„Jusja, jeder von uns wird aus einem Haus hinweggetragen, es bleibt ein Haus für die Lebenden. Ich bleibe hier."

Jadwiga fand eine gute Arbeit und richtete es sich gemütlich ein. Der Traum vom ‚blauen Zimmer' aus den Hungerjahren, dem einen, wohnlichen, eigenen Raum, wurde Wirklichkeit. Bald war Jadwiga die Mitte eines großen Kreises russischer Emigranten. Berlin war die erste Etappe, das die Emigranten auf ihrer Flucht auffing. Es wohnten in den zwanziger Jahren einige hunderttausend Russen dort. Sie alle warteten auf ein baldiges Ende der bolschewistischen Herrschaft, sie versuchten gar nicht erst, sich dem Gastland anzupassen, manche packten nicht einmal ihre Koffer aus. Aber sie mußten arbeiten, um sich über Wasser zu halten, und sie bemühten sich auch, etwas von ihrer gewohnten Umgebung für sich zu gestalten. So entstanden unzählige gute Restaurants wie Olovier, Medwed, Jar, Tary Bary, Foerster; die Damen kochten, die Offiziere bedienten. Juschni gründete das Theater „Der blaue Vogel", Tairoff kam mit seinem Studiotheater, und Djagilew schuf sein berühmtes Ballett. Die Schriftsteller, unter ihnen Ilja Ehrenburg, Graf Aleksei Tolstoi, Andrei Bjelyi und Berdjajew, versammelten sich in privaten Zirkeln und trugen ihre Werke vor. Die Maler Annenkow, Gontscharowa, Pawlik Tschelistscheff, Bakst und Grunwald arbeiteten als Bühnenbildner und Kostümzeichner.

Die meisten Russen schufen sich in Berlin, Paris oder London ein eigenes Moskau oder Petersburg, sie sprachen nur ihre Sprache, die Kinder gingen in russische Schulen, russische Kirchen entstanden, man aß in russischen Restaurants, und man hatte so gut wie gar keine Beziehung zu seinem Gastland, im Gegenteil, man fand alles absonderlich, häßlich und war nicht gewillt, sich den Sitten des fremden Landes anzupassen.

Sie schwelgten in Erinnerungen an die Vergangenheit, an ihren schönen Besitz und an ihre großen Namen, und sie sehnten sich danach, jenen Zustand wieder herzustellen. Man sah alte, würdige Minister, Kammerherren, Gardeoffiziere, Generale, Justizbeamte als Kellner, Droschkenfahrer, Tabakwareninhaber, Antiquare, sie verrichteten die ungewohnte Arbeit ohne Murren, meistens in großer Haltung, nur abends, wenn sie zu Hause oder unter sich waren, dann waren sie – oft in schäbiger Umgebung und verschlissener Kleidung – die früheren großen Herrschaften. Die Frauen übernahmen Näh- und Stickarbeiten, oder sie eröffneten elegante Schneidereien, andere wieder gründeten Wodkafabriken oder sie fertigten russische Schokoladen oder Bonbons, oder sie machten Holzschnitzereien, die berühmten bunten Puppen in der Puppe, kunstvolle Vögel, bemalte hölzerne Ostereier, oder sie bemalten Ikonen. Die meisten taten all das Ungewohnte mit heiterer Gebärde und mit innerer Anteilnahme.

Sie alle hatten als erstes ihre kostbaren alten Ikonen herübergerettet und Schmuck, durch dessen Verkauf sie sich einige Zeit über Wasser halten oder gar eine Existenz gründen konnten. Jadwiga konnte Gäste bei sich empfangen, weil sie sich ein eigenes gemütliches Zimmer eingerichtet hatte. Auch Jusja hatte ein großes Berliner Zimmer, hier fanden Versammlungen und Dichterlesungen statt. Bei einer Tasse Tee und belegten Broten wurde diskutiert, wurden Projekte zu neuen Werken besprochen, die Maler zeigten ihre Bilder und Skizzen. Wie daheim in Rußland in Jadwigas Weißem Haus nahm jeder am Schicksal und an den Ideen des anderen teil. Um sie herum war Armut und Not, aber in der Gemeinsamkeit vergaßen sie die harte Wirklichkeit. Sie lebten von Erinnerungen und Idealen, und sie waren trotz der schweren Erlebnisse, durch die sie alle hindurchgegangen waren, heiter, kindlich und froh.

Wera macht sich selbständig

Jadwiga telegrafierte Wera, sie solle nach Berlin kommen, sie hätte in ihrer Nähe ein hübsches, möbliertes Zimmer bei freundlichen, einfachen Leuten für sie gemietet. Wera hatte Angst, ihren Entschluß dem Vater mitzuteilen, aber da bereits alle Vorbereitungen getroffen waren, konnte sie das Gespräch nicht hinauszögern. So ging sie am Abend zögernd und bang in sein Arbeitszimmer.
Sie wurde freundlich empfangen. „Komm, setz dich", sagte Karluscha weich. Er holte Gläser, schenkte Wein ein und trank ihr zu. „Es ist lieb

von dir, daß du kommst, ich wollte mit dir sprechen. Es ist nicht gut, daß man allein ist. Ich werde bald wieder heiraten. Ich habe eine sehr liebe Gefährtin gefunden. Bobik und du, ihr seid fast erwachsen, und Passenka braucht eine Frauenhand, die ihn fest leitet. Wenn du magst, laden wir meine Braut am Sonntag zu uns ein; du mußt sie doch kennenlernen."

Wera atmete erleichtert auf, sicherlich hatte ihr Schutzengel die Dinge so gut gefügt. „Du hast ganz recht, Papachen, ich gratuliere dir zu diesem Entschluß und wünsche dir alles Glück! Auch ich habe einen Entschluß gefaßt. Ich will zu Mutter nach Berlin gehen, dort werde ich mich fortbilden und Arbeit suchen. Hier lerne ich doch nichts Richtiges. Und wenn du eine neue Frau ins Haus nimmst, ist es für alle besser, wenn ich nicht da bin, deine Braut wird es zu schätzen wissen."

Karluscha hatte Tränen in den Augen, mit einer so schnellen und glücklichen Lösung des heiklen Problems, den erwachsenen Kindern eine Stiefmutter ins Haus zu bringen, hatte er nicht gerechnet. „Aber diesen Sonntag bleibst du noch hier?"

Wera nickte zustimmend. Noch nie hatte sie sich so leicht und unbeschwert in Gegenwart ihres Vaters gefühlt, vor dem auch sie oft Angst gehabt hatte.

Dankbar und voll glücklicher Hoffnung für die Zu-

kunft reiste Wera fort aus der bergischen Kleinstadt, in der sie die erste schwere Zeit in dem ihr
fremden Land gelebt hatte. In Berlin empfing Jadwiga sie am Bahnhof und brachte sie in ihr Zimmer.
Sie sollte sich eine halbe Stunde ausruhen, derweilen würde Jadwiga ihr ein Steak backen. Wera
packte ihre Koffer aus und legte sich für einige
Minuten in das große Eichenbett, das bei jeder Bewegung knarrte. Dann ging sie hinüber zur Mutter.
Der Tisch war feierlich gedeckt, in der Mitte brannte
eine Kerze. Betreten kam Jadwiga mit dem Teller
ins Zimmer. „Ich weiß nicht, Werotschka, was da
geschehen ist, iß es bitte vorsichtig. Das Steak hat
die ganze Zeit furchtbar geschäumt, obwohl ich
doch alles nach der Vorschrift im Kochbuch gemacht
habe."
Wahrhaftig, das Steak war mit häßlichem gelbem
Schaum bedeckt, es roch abscheulich und sah aus,
als ob es schon Wochen im Mülleimer gelegen hätte.
„Darf ich in die Küche und mir das ansehen?" fragte Wera.
Jadwiga wurde verlegen. „Es ist eine fürchterliche
Unordnung dort, verzeih bitte, aber Beruf und
Haushalt, das ist etwas zuviel für mich, und ich
durfte doch im Weißen Haus nie in die Küche, Froß-
ja erlaubte es nicht, und Babuschka ließ es in Moskau auch nicht zu, daß ich mich in Haushaltsdinge
einmischte."

Das Durcheinander in der Küche war tatsächlich unbeschreiblich. Neben dem Gasherd lagen aufgeschlagen philosophische Essays von Berdjajeff.

„Hast du beim Kochen gelesen, Mami?"

„Ja, natürlich, das tue ich immer, man muß die Zeit nutzen!"

Wera fand sogleich die Quelle des Übels. Neben dem Topf mit Schmalz stand ein gleicher Topf mit grüner Seife, die gelb aussah und eine gewisse Ähnlichkeit mit dem Schmalz hatte. Wera zeigte auf den Topf und beide lachten herzhaft.

„Stell doch vielleicht den Topf mit Seife irgendwo anders hin", schlug Wera vor.

Jadwiga erbot sich, Wera ein neues Steak zu beschaffen, aber Wera bat um ein Spiegelei, das war das einzige Gericht, das sie zuzubereiten verstand.

Wera sucht Arbeit

Wera legte sich in das knarrende Bett. Das Wiedersehen mit der Mutter und die lange Fahrt hatten sie aufgeregt, so daß sie nicht gleich einschlafen konnte, und noch eine Weile in einem Buch las, das sie nicht sonderlich interessierte. Auf einmal fühlte sie etwas über ihre Hand krabbeln. Sie sah hin, es war ein rundes, braunes Insekt. ‚O, es ist ein Gotteskälbchen, ein Marienkäferchen', dachte sie, ,wie lieb, daß Gott mir ein freundliches Zeichen schickt, das bringt Glück!' Aber dann kam ihr ein häßlicher Verdacht, vielleicht war es ein viel gewöhnlicheres Tier? Sie schubste es weg, es fiel mit einem trockenen kleinen Knall zur Erde und kroch dort weiter. Dann bekam sie Gewissensbisse. Vielleicht war es doch ein Gotteskälbchen. ,Was bist du doch für ein Mensch, Gott schickt dir zum Zeichen einen Glücksbringer, um dich am neuen Ort willkommen zu heißen, und was tust du, egoistischer und undankbarer Mensch? du wirfst das Gottesgeschöpf zu Boden!' Vorsichtig stand sie auf, bückte sich, suchte das Insekt, fand es, hob es behutsam auf und legte es in die Nähe des Kopfkissens. Dann schlief sie beruhigt ein.

Die Wirtin brachte ihr das Frühstück, dünnen Kaffee, zwei Brötchen, Butter und Marmelade. „Na, wie haben Sie die erste Nacht geschlafen, Fräulein?"

„Danke, sehr gut, wie sollte ich auch nicht, ich hatte ein Marienkäferchen in meinem Bett, das war ein Gottesbote!"

Die Wirtin schüttelte ungläubig den Kopf. „Na, Fräulein, ob es nicht etwas anderes war? Wir sind hinter denen her wie der Teufel hinter der Seele, aber in solch einem alten Haus rottet man sie nicht aus!"

Wera beschloß, sofort auf Arbeitssuche zu gehen.

Sie besorgte sich Zeitungen und schnitt Annoncen aus. Dann erkundigte sie sich, ob die Betriebe in der Nähe ihrer Wohnung lagen, sie zog sich adrett an, und ging sich vorstellen.

Eine Druckerei suchte eine Stenotypistin. Wera wollte ihr Glück versuchen. In dem Raum saßen einige junge Damen und Männer, die offenbar die gleiche Absicht hatten wie Wera. Der Lärm der Druckereimaschinen drang bis zum Vorzimmer. Einer nach dem anderen wurde hereingerufen und kam nach einiger Zeit mit undurchdringlichem Gesichtsausdruck wieder heraus. Schließlich war Wera an der Reihe. Sie hatte Herzklopfen und fürchtete, man würde es ihr ansehen. Der Chef war ein ältlicher dicker Mann, der an einer Zigarre kaute.

„Können Sie stenografieren?"

„Ja, ich habe es gelernt, habe aber noch keine Übung, ich könte es wohl langsam schreiben, aber nicht immer lesen."

Der dicke Herr schaute Wera erstaunt an. „Können Sie denn wenigstens Schreibmaschine schreiben?"

„Ja, mit zwei Fingern, es geht noch nicht sehr schnell, aber schließlich ist es nur eine Frage der Zeit, bis ich es gelernt habe. Ich kann ja auch nicht sehr gut deutsch, ich habe es erst kürzlich gelernt."

„Dann sind Sie keine Deutsche?"

„Nein, ich bin Russin, ich komme aus Moskau."

„Na, wissen Sie, wir haben schlechte Zeiten jetzt

nach dem Krieg, es gibt Stenotypistinnen wie Sand am Meer, und die können flott schreiben. Aber Ihre Ehrlichkeit gefällt mir, ich engagiere Sie! Können Sie nächste Woche anfangen?"

„Ich danke Ihnen sehr, aber dürfte ich um einige Tage Bedenkzeit bitten?"

Der dicke Mann sprang vor Überraschung vom Stuhl und riß die Augen auf. „So etwas ist mir noch nicht passiert, ich engagiere Sie mit ihren miserablen Leistungen, und Sie bitten um Bedenkzeit!"

Wera lächelte verlegen. Schließlich mußten beide lachen. „Sie sind ein Unikum! Ich kenne einige Russen, sie sind echt, aber so etwas gibt es bei uns nicht!"

Sie gaben sich die Hand. Wera ging strahlend hinaus. Die Leute, die noch im Vorzimmer saßen, gaben ihre ohnehin geringe Hoffnung, angestellt zu werden auf. „Sind Sie engagiert?"

„Ja, aber ich habe nicht angenommen."

Nach einigem Suchen fand Wera Arbeit als Übersetzerin und Dolmetscherin in dem Verein zur Förderung der Moorkultur, der Handelsbeziehungen mit der Sowjetunion hatte. Es kamen viele Wissenschaftler, Forst- und Landwirte aus der UdSSR. Wera mußte bei allen Verhandlungen und Führungen dabei sein und außerdem die russische Korrespondenz führen und wissenschaftliche Arbeiten übersetzen.

Manche Gäste waren unnahbar, andere wieder freundlich und zuvorkommend. Ein jüngerer Herr, der einige Wochen in Berlin blieb, und den Wera durch ganz Berlin führen mußte, freute sich über ihre Begleitung. Er revanchierte sich für ihre Hilfe und lud sie abends in den Wintergarten, in ein Varieté oder einen Zirkus ein. Jedesmal schenkte er ihr eine große Schachtel Pralinen. Eines Abends im Zirkus kullerten die Pralinen aus der Schachtel auf den Fußboden. Wera bückte sich, um wenigstens die in Goldpapier verpackten aufzusammeln. Der Kavalier hinderte sie daran: „Seien Sie nicht traurig, Wera, wir besorgen eine neue Schachtel!"

Als Wera eines Nachts mit der üblichen Bonbonniere bepackt heimkam, öffnete ihr die Wirtin, schaute mißbilligend die Schokoladenpackung an und schüttelte den Kopf. Wera dachte, sie mißbillige ihren Lebenswandel und wollte ihr alles erklären, aber die lebenstüchtige Wirtin meinte: „Sie sind ein dummes Ding, Fräulein Wera, nichts als Pralinen. Sie sollten sich lieber etwas anderes schenken lassen, ein schickes Kleid oder eine seide Kombination, irgend etwas Raffiniertes!"

Wera war betroffen: „Aber ich habe doch genug anzuziehen, und ich würde so etwas von einem Herrn auch nicht annehmen!"

„Na, ja", meinte die Wirtin, „es ist wohl auch besser, Sie bleiben bei den Pralinen."

Eines Tages meldete sich ein hoher Funktionär, dem Wera als Dolmetscherin zugeteilt wurde. Sie mußte ihm die Stadt und allerlei technische Einrichtungen zeigen. Er wollte sich für ihre Hilfsbereitschaft erkenntlich zeigen und lud sie in vornehme Restaurants zum Essen ein. Diese Einladungen wurden für Wera eine Tortur. Er bestellte lange und ausgiebig und viel zu viele Gerichte, und er war über die kleinen Portionen ernstlich bekümmert. Auch hatte er schlechte Manieren, schlürfte laut die Suppe und schmatzte beim Kauen. Er stach die Gabel senkrecht in das Fleisch und hielt es damit fest, dann tunkte er das Messer in die Sauce und zog es quer durch den Mund, von einer Mundecke zur anderen. Wera schloß die Augen vor Angst, zusehen zu müssen, wie er sich schnitt. Aber nichts passierte, er mußte eine unglaubliche Geschicklichkeit in der Handhabung des Messers haben. Wenn ihm eine Speise schmeckte, rief er mit lauter Stimme durch das ganze Lokal den Kellner: „Jeschtscho ras! Noch einmal!" Alle drehten sich entrüstet nach ihm um, und Wera verging vor Scham, sie schwor sich, nie wieder dieses Restaurant zu betreten. Er blieb vierzehn Tage. Weras Nerven waren bis zum Zerreißen gespannt. Sie versuchte, ihn jedesmal in ein anderes Restaurant zu führen, bis Jadwiga ihr sagte: „Ich halte das für sehr unklug von dir, nun werden sie dich in ungezählten Restaurants kennen und du wirst dich genieren, wieder dorthin zu gehen. Bleib doch lieber bei einem!"

Diesen Rat beherzigte sie. Vorsichtshalber ging sie mit ihren sowjetischen Gästen nie in die Restaurants der Emigranten, um unliebsame Begegnungen zu vermeiden.

Eines Tages bat sie der Funktionär: „Würden Sie mir bitte einen großen Gefallen tun? Meine alte Mutter, die ich seit zwanzig Jahren nicht mehr gesehen habe, kommt nach Berlin, um sich mit mir zu treffen. Ob Sie sie am Bahnhof Friedrichstraße abholen könnten?"

„Gerne", sagte Wera, „wie werde ich sie aber erkennen?"

Er stutzte: „Wie soll ich sie Ihnen beschreiben, sie ist eine alte russische Frau, Sie werden sie schon erkennen."

Am nächsten Tag fuhr Wera zum Bahnhof. Der Warschauexpreß lief ein, eine Menge Menschen strömte aus dem Zug. Wera hielt Ausschau, wie sollte sie einen ihr unbekannten Menschen aus dieser Menge herausfinden? Plötzlich begann ihr Herz zu pochen, alte, liebe Erinnerungen stiegen in ihr auf. Da stand, in der Menge verloren, eine alte russische Bäuerin in einem ungegerbten Schafspelz, ein Wolltuch um den Kopf, mit langen Filzstiefeln, am Arm ein großes Bündel mit ihren Habseligkeiten. Sie war der einzige Mensch inmitten der hastenden Menge, der unbeweglich an seinem Platz blieb, sie stand ganz ergeben da, ihr Gesicht verriet nicht einmal Ängstlichkeit oder Ratlosigkeit. Gaffende Menschen umringten sie, fragten sie, sie nickte freundlich, sagte aber nichts.

Wera bahnte sich einen Weg durch die Menschenmenge. „Matuschka, Mütterchen!" rief sie.

„Dotschenka, Töchterchen!" antwortete die Alte sanft, und ein Strahlen ging über ihr Gesicht. Sie umarmten und küßten sich vor der gaffenden Menge. Wera wollte ihr das Bündel abnehmen, aber sie ließ es nicht zu.

„Laß mich nur tragen, ich bin es gewöhnt, du bist Barynja, eine feine Herrin. Da hat sich mein Wassenka mit Gottes Hilfe ein schönes Geschöpf zur Frau ausgesucht", und sie streichelte gerührt und bewundernd Weras Wangen.

Wera wollte die Frau nicht sogleich enttäuschen und erwiderte nichts. Sie führte das Mütterchen zur Droschke, und sie fuhren zum Zentralhotel. Als der Portier die Bauersfrau sah, stellte er sich in seiner ganzen Fülle vor die Tür und wollte sie nicht hereinlassen. Wera wurde gleichsam ein Stück größer und herrschte den Portier an: „Weg da, Sie impertinenter Kerl, was fällt Ihnen ein, das ist die Mutter des Generaldirektors, erlauben Sie sich das noch einmal, und ich werde dafür sorgen, daß unsere russischen Gäste woanders wohnen!"

Plötzlich war der Hoteldirektor zur Stelle und einige Pagen, die den Auftritt mit angesehen hatten, sprangen eilfertig hinzu und geleiteten die beiden Damen auf ihr Zimmer.

Wera half der Bäuerin beim Auspacken. Die alte Frau betastete alle Gegenstände. Besonders das Bett kam ihr merkwürdig vor, und sie wunderte sich, daß sie in einem solchen Gestell schlafen sollte. Ob es denn hier keine Bank oder Ofen gebe? fragte sie. Schließlich kam der Sohn. Wera kamen die Tränen, so gerührt war sie von der herzlichen Begrüßung der beiden. Schließlich sagte die Alte zu ihr: „Komm, mein Täubchen, mein Schwanchen, auch dich will ich umarmen! Was hast du dir für eine schöne Frau ausgesucht, Wassenka, Gott segne dich dafür!"

Wassenka wurde puterrot. Auch die Erwähnung Gottes war ihm als Bolschewiken peinlich. „Matuschka, das ist ja nicht meine Frau, die ist in Moskau geblieben. Das junge Mädchen ist mir als Dolmetscherin zugeteilt worden. Sie wird auch dich hier in Berlin begleiten."

Die Bäuerin sah erschrocken drein und schüttelte den Kopf. „Das ist nicht gut, das ist nicht christlich, daß du mit einer anderen Frau umgehst als mit deiner eigenen!"

Weras Probleme wurden immer schwieriger. Nicht genug, daß sie mit dem Funktionär umherziehen mußte, der durch seine schlechten Tischmanieren in jedem Restaurant auffiel, nun hatte sie auch noch die alte Frau vom Lande zu betreuen, die von der Großstadt völlig verwirrt war.

Jadwiga riet ihr: „Es gibt doch eine Menge Balkanrestaurants hier, geh dorthin mit der Bäuerin, dort fallt ihr nicht auf."

Das war die Lösung. Aber Wera ahnte nicht, was alles noch auf sie zukam! Die Bäuerin, die aus einem kleinen Dorf in Sibirien stammte, hatte noch nie Autos und Trambahnen gesehen. Autobusse hielt sie für zweistöckige Häuser auf Rädern, und es gelang Wera nicht, sie zum Einsteigen zu überreden, so verängstigt war sie. Als ihr ein Neger begegnete, geriet sie völlig aus der Fassung, sie blieb wie angewurzelt vor ihm stehen, bekreuzigte sich und murmelte ein Gebet: „Der Feind Gottes möge vor dem Namen Christi verschwinden wie Rauch." Er verschwand aber nicht.

„Was habt ihr hier für Zustände, sogar der Teufel geht in feinen Anzügen herum, den Schwanz hat er wohl im Hosenbein eingeklemmt, und er weicht nicht einmal vor der Teufelsbeschwörung! Herrgott, was für Zeiten, das Ende der Welt muß nahe sein!"

Wassenka bestand darauf, daß Wera mit seiner Matuschka Schuhe und Kleiderstoffe einkaufte. Aber sie wollte nicht. Schließlich hatte Wera sie in ein Schuhgeschäft gebracht, aber die alte Frau war nicht zum Sitzen zu bewegen. Und als die Verkäuferin ihr mit Gewalt den Filzstiefel auszuziehen versuchte, wehrte sie sich, weil sie glaubte, man wolle ihr den geliebten Stiefel wegnehmen. Die Verkäuferin und Wera versuchten gemeinsam, ihr Schuhe anzuprobieren, aber sie hielt den Fuß so steif, daß kein Schuh paßte. Schließlich sah sie ein Paar Filzpantinen, die wollte sie haben und keine anderen. Wera kaufte sie und war froh, daß der Einkauf damit überstanden war.

„Wohin hast du mich nur verschleppt, mein Täubchen, das ist die reinste Hölle, bringen die mir hundert Paar Schuhe, wo doch der Mensch nur zwei Füße hat. Da lobe ich mir unser Dorf, einmal im Jahr oder alle zwei kriegst du ein Paar Schuhe, ziehst sie an, und basta! Aber hier, hin und her, drehen einem den Fuß kaputt! Nein, nun habe ich meinen Wassenka gesehen, nun ist es genug! Ich will zurück in mein Dorf. Dort hat meine Seele Frieden, das hier ist ein Land des Antichristen, fahrende Häuser auf Rädern, und der Teufel höchstpersönlich wie ein Galan im Herrenanzug, und scheut sich nicht einmal vor dem Namen Christi!"

Wera brachte die alte Frau zum Warschauexpreß und gab ihr den Segen. Der Abschied fiel kurz aus, die alte Bäuerin hatte nur den einen Gedanken, so schnell wie möglich aus diesem Sodom und Gomorrha fortzukommen. Aber Wera war wehmütig gestimmt, sie nahm Abschied von einem Stück Heimat, das ihr hier unversehens noch einmal geschenkt worden war.

Alfred und die Russen

Weras Verbindung zu Alfred riß nicht ab; trotz der aufregenden Dolmetschertätigkeit und dem abendlichen Zusammensein mit Jadwigas Freunden schrieb sie ihm treulich jeden Tag ihre Erlebnisse. Seine Sehnsucht und seine Unruhe wurden immer größer. Was geschah mit Wera in jener fremden, bedrohlichen Welt, in jener Großstadt, in der West- und Osteuropa, ja sogar Asien aufeinanderprallten? Er hatte ein nagendes Gefühl, so oft er daran dachte, er wurde lustlos und magerte zusehends ab. Seine Mutter machte sich Sorgen. „Junge, du brauchst wohl Luftveränderung! Fahre doch für einige Wochen nach Berlin und grüße mir die Wera." Das ließ er sich nicht zweimal sagen. Er telegrafierte Wera, ob er kommen dürfe.

Als sein Zug auf dem Bahnhof Zoo einlief, schaute er aufgeregt aus dem Fenster. Er entdeckte Wera in der Menge. Sie sah elegant aus, sie trug ein schwarzes Lackhütchen, eine gestreifte Tigerjacke und weiße Gamaschen, die ihr bis an die Knie reichten. Alfred riß die Tür auf und drängte sich durch die Menge zu Wera. Er umarmte sie und hielt sie lange fest. „Du bist noch hübscher geworden!"

„Und du bist mager, bist du nicht gesund?"

„Doch, aber ich konnte vor Sehnsucht nicht mehr essen!"

Zuerst fuhren sie zu Jadwiga. Sie umarmte Alfred und hieß ihn willkommen. Er konnte sich nicht erinnern, irgendwo so herzlich aufgenommen worden zu sein, es war, als ob er nach Hause käme. Man setzte sich zu Tisch, um Tee zu trinken. Dann kam Jusja, auch er umarmte Alfred und küßte ihn links, rechts, links auf die Wangen, er sagte gleich Alfred und du zu ihm. Alfred war fassungslos. Die Menschen waren so vorbehaltlos heiter, einfach und unbekümmert, daß er alle Scheu und Verlegenheit verlor.

Am Spätnachmittag brachten Möbelträger einen großen Schrank. Alle freuten sich darüber wie Kinder. Jadwiga gab den Trägern ein so großes Trinkgeld, daß sie nicht wußten, was sie damit sollten. „Die Rechnung ist doch schon bezahlt", sagten sie halb fragend.

„Nein, das ist für Sie!" erklärte Jadwiga den Trägern. Sie waren verlegen, dankten immer wieder und gingen dann ganz schnell weg; es wurde ihnen unheimlich, vielleicht tat es der Geberin nachher leid, oder war sie nicht ganz richtig im Kopf?

Der Schrank sollte an eine bestimmte Wand, er war aber mindestens dreißig Zentimeter zu lang. Alfred half Jusja, ihn heranrücken. Alle schauten bekümmert drein.

„Haben Sie den Schrank denn nicht vorher ausgemessen?" fragte Alfred schüchtern.

„Gemessen?" Jusja sah ihn erstaunt an.

„Ja, er ist doch zu lang!"

„Wirklich, er ist zu lang", sagte Jusja gedehnt; aber dann hellte sich sein Gesicht auf. „Och, das macht nichts, das werden wir gleich haben! Alfred, zieh den Schrank etwas vor!"

Alfred tat es, Jusja ging hinaus und kam mit einem langen Fuchsschwanz wieder. Jetzt maß er mit der gespreizten Hand die Entfernung, die der Schrank über die Tür ragte, setzte oben die Säge an und sägte in aller Ruhe das überstehende Stück von oben bis unten ab. Jadwiga und Wera schauten seelenruhig zu. Alfred wollte Jusja in den Arm fallen, ihm sagen, daß der Schrank jetzt ruiniert sei, aber das schien sie alle nicht zu berühren. Der abgesägte Teil fiel polternd zu Boden. Wera holte eine Müllschaufel und fegte die Sägespäne fort. Dann mußte Alfred wieder helfen, den Schrank an die Wand zu stellen.

„Jetzt paßt er!" rief Jusja erfreut. Alle waren zufrieden und fingen an, den Schrank einzuräumen. Alfreds Weltbild, in dem alle Dinge den ihnen gemäßen Platz und ihre eigene Funktion hatten, bekam einen Riß. Was für eine verrückte Welt! Verrückt, aber heiter und heil, wie konnte so etwas sein?

Nun saßen alle zufrieden und gemütlich plaudernd zusammen. Auf einmal begann Wera ohne zu fragen ihre Gamaschen aufzuknöpfen. Dann zog sie ächzend die Schuhe aus. „Ah, jetzt ist mir leichter!" Alfred bemerkte mit Staunen, daß die kleinen offenbar neuen Schuhe hinten aufgeschlitzt waren.

„Warum sind denn deine Schuhe hinten aufgeschlitzt?"

„Ja, das kam so", erzählte Wera, „ich wollte mir ein Paar Schuhe kaufen und ging in einen Laden. Die Verkäuferin fragte mich, welche Schuhgröße ich hätte. ‚Sechsunddreißig', antwortete ich. Ich probierte verschiedene Schuhe, darunter war ein sehr hübsches Paar. Die Verkäuferin fragte, ob sie passen. ‚Wie nach Maß', sagte ich ihr, ‚was für eine Größe ist es denn?'

Sie schaute hin: ‚Es ist sechsunddreißigeinhalb!'

‚Ich habe aber sechsunddreißig, bitte bringen Sie mir den passenden Schuh.'

Die Verkäuferin redete mir zu: ‚Aber Fräulein, seien Sie vernünftig, diese Schuhe passen doch wie angegossen!'

Aber ich ließ mich nicht überreden, und sie brachte mir die kleinere Größe. ‚So, dann probieren Sie mal diese', sagte die Verkäuferin verärgert.

Ich lehnte ab: ‚Nein, danke, das ist nicht nötig, es ist ja meine Schuhgröße.' Ich bezahlte und ging.

Als ich nach Hause kam, zog ich die Schuhe gleich

an, weil ich mit Mami ins Theater wollte. Es war eine Tortur in den zu engen Schuhen, als ich heimkam, konnte ich kaum noch auftreten, die Knöchel waren dick geschwollen. Nun, da nahm ich eben die Schere und schnitt sie hinten auf; dann kaufte ich mir weiße Gamaschen, um den Schlitz zu verdekken. Siehst du, es geht alles!"

Alfred sagte nichts, er staunte. ‚Es geht alles', dachte er.

Eine neue Welt

Jadwiga hatte für Alfred ein kleines Zimmer in der Nähe ihrer eigenen Wohnung gemietet. Tagsüber hielt er sich in Jadwigas Wohnung in der Gesellschaft von Jusja auf. Jadwiga und Wera kamen nach der Arbeit am Nachmittag heim. Zu Hause war er gewöhnt, daß die Mutter ihm und dem Vater ein Essen mit Suppe, Fleischgericht und süßer Speise zubereitete, nur am Sonnabend, wenn Hausputz war, gab es ein Eintopfgericht. Aber weder Jadwiga noch Wera konnten kochen, sie kauften irgend etwas ein, Brot, Butter, Aufschnitt, oder schlugen ein Ei in die Pfanne. Alfred gewöhnte sich nur schwer an die seltsame Beköstigung. „Ihr müßt doch wenigstens einmal am Tag eine warme Mahlzeit zu

euch nehmen, was ihr eßt, das ist doch nicht genug!"
„Ach was, Essen ist unwichtig, Hauptsache man behält ein frohes Herz", lachte Jadwiga.
Abends gingen sie in literarische Zirkel oder in das Theater „Der blaue Vogel" oder in das jüdische „Habima-Theater", wenn es in Berlin gastierte, oder sie saßen in einem der reichen russischen Restaurants. Es wurde immer und überall russisch gesprochen, viele der Emigranten sprachen nur gebrochen deutsch. Alfred mußte sich anpassen, er begann allmählich, den Sinn der russischen Worte und der Gespräche zu verstehen. Weil er zu Jadwiga und Wera gehörte, behandelten die anderen ihn als ihresgleichen. Die jüngeren Emigranten hatten sich allmählich Beschäftigungen gesucht. Nur die Alten hatten es schwer, manchem General oder ehemaligem Minister gelang es, sich einen Zeitungsstand oder einen Zigarrenladen einzurichten. Viele fristeten ein trauriges Dasein, sie hockten tagelang in russischen Lokalen bei einer Tasse Tee oder Kascha. Die Jüngeren, die die Schicksale ihrer alten Landsleute kannten, luden sie öfter zum Essen ein. Alfred lernte schnell, die russischen Gaststätten schon auf der Straße von anderen zu unterscheiden. Wenn aus einem Lokal großer Lärm und dröhnendes Lachen erklang, dann war es bestimmt ein russisches Restaurant. Er ging nie alleine dorthin, nachdem er bemerkt hatte, daß die russische Bedie-

nung es nicht gerne sah, wenn Fremde kamen. Viele Berliner machten sich einen Spaß daraus, sich von einem Fürsten oder Grafen, von Gardeoffizieren oder Ministern bedienen zu lassen. Sie bedienten die Gäste mit eisiger Distanz, die an Unverschämtheit grenzte. Nur untereinander gaben sich die Russen familiär, jeder war mit dem anderen befreundet oder verwandt, hatte ein ähnliches Schicksal erlitten, und es kam nicht darauf an, wie man bedient wurde, Fehler wurden nicht übelgenommen. Wenn aber Fremde die lässige Bedienung monierten, dann wurden die unfreiwilligen Kellner bissig: „Wenn es Ihnen hier nicht gefällt, gehen Sie bitte, es gibt genug deutsche Lokale!"

Eine junge Dame monierte, daß sie keinen Löffel bekommen hatte, allerdings sagte sie es so laut, daß alle es hören konnten. Graf Apraxin, der sie bediente, meinte aggressiv: „Ach, ich wußte gar nicht, daß Sie einen Löffel zum Essen brauchen, essen Sie doch mit den Fingern!" Sie wurde puterrot und wollte aufbegehren, aber die Russen lachten schallend, so daß sie eilends das Lokal verließ. Alfred staunte. Eine andere Dame rief dem Fürsten Lwow zu, ihr Keks sei ganz hart. Ebenso laut erwiderte er in gebrochenem Deutsch: „Ja, wir wußten, daß Sie heute kommen würden, da haben wir ihn drei Tage vorher getrocknet."

Jadwiga ging zu Lwow hin: „Wassenka, du darfst

die Dame nicht beleidigen, sie ist doch Kundin, du lebst davon, steck doch die Ungezogenheiten ein und sei still!"

„Ich denke nicht daran, Tante Jadwiga, wenn die Leute sich nicht zu benehmen wissen, muß man es ihnen beibringen! Es ist schon ein bitteres Brot! Jeden Tag erlebt jeder von uns ein halbes dutzendmal solche Meckereien, aber nie von unseren Landsleuten."

Jadwiga schüttelte den Kopf. „Man muß lernen, den Stolz der Menschen nicht zu verletzen. Wer weiß, wie wir früher mit unserer Dienerschaft umgesprungen sind, aber jetzt, wo andere die Herren sind, reagieren wir überempfindlich."

Prinzessin Mary Kurakina arbeitete als Porzellanmalerin. Sie hatte ein kleines Zimmerchen bei einer kleinbürgerlichen, strengen Wirtin. Da sie mit Jadwiga und Wera verkehrte, kam sie nun auch mit Alfred zusammen. Fast täglich bat sie ihn um Gefälligkeiten.

Eines Tages verlangte sie hysterisch: „Alfreduschka, kommen Sie, kommen Sie bitte und ermorden Sie meine Wirtin, ich halte es nicht mehr aus! Immer kontrolliert sie mich! Jeden Tag soll ich auf einer anderen Stelle des Sofas sitzen, damit die Federn nicht durchgesessen werden, und sie kommt plötzlich ins Zimmer ohne anzuklopfen. Es ist nicht zum Aushalten!"

Wera lachte sie aus. „Du warst zu Hause verwöhnt und hast nie möbliert gewohnt, sicherlich sind die russischen Zimmerwirtinnen nicht anders! Und laß Alfred in Ruh! Wenn du unbedingt Streit mit deiner Wirtin anfangen willst, dann tue es allein!"

Ein anderes Mal bat Mary Alfred, sie beim Einkauf zu begleiten. Er tat es nur widerwillig, Mary war zwar sehr hübsch, aber ihr Benehmen war immer auffällig. In einem Metzgerladen wollte sie Schinken haben. Der Laden war sehr voll, sie standen in der hintersten Reihe. Da schrie sie: „Fräuleinchen, bitte, bitte, mir zuerst!"

Die Leute drehten sich um und schimpften. „Ich russische Prinzessin in Exil, ich schrecklich durchgemacht, ich krank, nicht kann stehen!" und sie schluchzte auf. Sie wurde sogleich bedient. Aber dann fing sie an, über den Preis zu feilschen: „O, das viel zu teuer, fünfzig Pfennig letzter Preis!"

Afred wollte in den Boden versinken. „Wir haben hier nur feste Preise, Madame!" sagte der Metzger unwirsch.

„Ach, ich weiß schon, letzte Preise, nix letzte Preise. Na gut, dann geben Sie mir ein halbes Pfund."

Er begann den Schinken mit der Maschine zu schneiden. Mit Entsetzen rief sie: „Nein, nein, erste und zweite Scheibe ich nicht haben will, ist trocken!"

Der Mann sah sie böse an, schweigend legte er die drei ersten Scheiben zur Seite. „Wir haben hier nur erstklassige Ware", brummte er. Die Berliner schauten belustigt zu und Alfred wünschte die Prinzessin samt ihrem Schinken und ihrer Wirtin dorthin, wo der Pfeffer wächst.

Als sie am nächsten Tag wiederkam, spähte er vorsichtig durch das Guckloch. Dann versteckte er sich in einem Abstellraum und schickte Wera zur Tür. „O, ich wollte nur Alfred, meinen Kavalier, er muß mit mir einkaufen. Eine fremde Frau allein kann es hier nicht."

Wera fauchte sie an: „Alfred ist nicht dein, er ist mein Kavalier, und du bist frech genug, dich allein zu behaupten, du willst nur, daß einer wie ein Hündchen hinter dir herläuft. Dazu ist Alfred nicht da, merk dir das bitte, Marussja!"

„Mary, bitte!" rief die Prinzessin beleidigt. Aber nun kam sie seltener und belästigte Alfred nicht mehr.

Die Verlobung

Alfreds Eltern schrieben, er möchte zurückkommen. Sicherlich habe er sich genug erholt, nun solle er wieder an die Arbeit gehen. Er hatte sich erholt, aber nun, da er nach Hause zurück sollte, begann sein Magen wieder zu schmerzen. Was sollte er tun? Er mußte zurück, aber Wera blieb hier unter all den fremden, seltsamen, lauten, unbekümmerten, lieben Menschen. Sie waren so fremd und anders, sie bemühten sich überhaupt nicht, sich an ihr Gastland anzupassen, und lebten in den kleinen Verhältnissen hier so, als ob sie noch zu Hause auf ihrem großen Besitz seien. Wenn es kein Geld gab, aßen sie eben nichts, wenn sie Geld verdient hatten, dann kauften sie sich oft unnütze Dinge, oder luden Freunde ein oder verschenkten es an jemand, der es nötiger hatte.

Sie waren völlig verarmt, sie hatten nichts als das, was sie in ihren dürftigen Koffern auf lebensgefährlicher Flucht mitgebracht hatten. Aber trotzdem lebten die meisten von ihnen so gelassen wie in den alten gesicherten Verhältnissen. Alfred hatte aus ihrer Haltung, aus Gesprächen, aus dem Verhalten von Wera und Jadwiga begriffen, daß sie eine Sicherheit hatten, die größer war als ein Bankkonto. Ihre Sicherheit war Gott, er war ihnen in einer ganz anderen Weise gegenwärtig als Alfred es bisher kannte. Manchmal war er geneigt, sie für fatalistisch zu halten, aber in Wirklichkeit waren sie tief ergeben in den Willen Gottes. Für das Gute dankten sie ihm überschwenglich, sie kamen nicht auf den Gedanken, Erfolg als Folge ihrer fleißigen Arbeit und als ihr Verdienst anzusehen, das Gute kam allein von Gott, und das Ungute nahmen sie mit gleicher Demut und in der Bereitschaft an, es zu ertragen. Dieses Ruhen in Gottes Hand bewirkte, daß die meisten heiter waren wie Kinder. Alfred begriff, daß diese Geisteshaltung wichtiger war als Sicherheit und Wohlstand. Er bewunderte die russischen Emigranten, die aus großer Macht, alter Tradition und großem Reichtum herausgeworfen waren, und die sich nun ohne Widerstreben in Armut und Entbehrungen fügten. Welche unbekannten inneren Kräfte mußten ihnen innewohnen?

Durfte er es wagen, in diese ihm fremde, wenn auch liebgewordene Gesellschaft einzudringen? Würde Wera mit ihm, einem Deutschen mit ganz anderen Ansichten und Gewohnheiten glücklich werden? Er wagte es nicht, sich oder ihr diese Frage zu stellen. Und doch wußte er, daß er nie einen anderen Menschen so tief und bedingungslos lieben würde. Was sollte er tun?

Er beschloß, Jusja um Rat zu fragen.

„Ich muß mach Hause, Jusja, meine Eltern rufen mich, die schöne Zeit ist um, nun muß ich wieder an die Arbeit gehen."

„O, das ist schade, und Wera wird untröstlich sein, wir alle haben dich liebgewonnen. Es ist, als ob du schon immer zu uns gehörtest."

„Danke dir, Jusja, ich bin auch untröstlich."

„Liebst du denn unsere Wera?"

„Aus ganzem Herzen liebe ich sie!"

„Warum sagst du dann nichts? Sie liebt dich doch

auch. Hast du sie nicht gefragt, ob sie deine Frau werden will?"

„Wie sollte ich das, ich wußte nicht, ob sie damit einverstanden sein wird, und dann, ihr Vater Karluscha ist mit meinen Eltern verfeindet."

„Karluscha hat jetzt andere Sorgen, er will selbst heiraten und wird froh sein, seine Tochter nicht im Hause zu behalten. Er wird schon zustimmen." Alfred fiel Jusja um den Hals.

„Weruschka, ich muß nach Hause, meine Eltern haben geschrieben."

Weras Gesicht wurde ganz blaß, sie begann zu weinen, ganz still, nur die Tränen liefen ihr über die Wangen. „Was mache ich denn hier ohne dich?"

„Hast du mich sehr lieb?"

„O ja, sehr!" sagte sie offen. Sie umarmte und küßte ihn.

„Wollen wir für immer zusammenbleiben?"

„Ja!"

„Dann sagen wir es deiner Mutter und verloben uns, ehe ich nach Hause fahre!"

„Aber Alfred, wie wird es werden, ich bin doch eine schlechte Hausfrau, nein, ich bin gar keine Hausfrau, ich habe doch nie etwas gelernt, weder kochen noch nähen. Ich will ja mein Bestes tun, aber wirst du nicht unglücklich werden? Deine Mutter kocht so gut, und dann wirst du, wenn etwas angebrannt ist, an die guten Sachen deiner Mutter denken."

„Nun, du bist begabt und voll guten Willens, du wirst es schon schaffen, und wenn man sich liebt, dann geht alles. Vielleicht mache ich aus dir sogar mit der Zeit eine Preußin." Er schaute sie schalkhaft an.

„Ob dir das gelingt, Alfreduschka? Eher wird aus dir noch ein Russe, du siehst es doch, alle meine Landsleute und Verwandten erkennen dich an und behandeln dich, als ob du Russe seist."

Jadwiga kam heim. Wera erzählte ihr von ihrer bevorstehenden Verlobung. Jadwiga lachte, gratulierte ihnen und sagte: „Mit Alfred kommt endlich einmal ein vernünftiger Mensch in unsere Familie! Setzt euch, ich möchte euch mit der Muttergottesikone von Kasan und mit dem Tschelistschewschen Kreuz segnen."

Sie nahm die Ikone und später das alte kupferne Kreuz und segnete sie. Dann blieben sie eine Weile schweigend sitzen. Alfred hörte sein eigenes Herz klopfen. Wieviel Feierlichkeit war in jener kleinen Geste, und er dachte, wieviele fremde Söhne und Töchter wohl in Weras und Jadwigas Heimat von dieser Ikone und diesem Kreuz aus dem vierzehnten Jahrhundert bei entscheidenden Ereignissen ihres Lebens gesegnet worden seien.

Jadwiga bat Alfred, am Sonntag mit ihnen den orthodoxen Gottesdienst in der Kirche in der Nachrodstraße zu besuchen. Er geniert sich sehr,

wußte er doch nicht, wie er sich in der fremden Kirche verhalten sollte. Wera beruhigte ihn: „Du stehst neben mir und siehst, was ich tue. Aber du brauchst dich nicht zu bekreuzigen oder niederzuknien oder gar die Erde mit dem Kopf zu berühren, wenn du dich genierst. Nur wenn zum Schluß Vater Sergius uns das große Kreuz vorhält, dann bitte, küsse es und küsse seine Hand, das ist so üblich."
„O je, ich habe noch nie einem Mann die Hand geküßt. Und ist es nicht unhygienisch, das Kreuz zu küssen, es können doch welche krank sein?"
„Sei still, es ist kein Mann, es ist ein Priester, und das Kreuz ist nie unhygienisch, es ist ein symbolischer Kuß für Christus!"
In der Nachrodstraße hatte man in der ersten Etage aus zwei Zimmern eine Kirche hergerichtet, mit der goldenen Altarwand und mit vielen alten kostbaren Ikonen, die die Emigranten gestiftet hatten. Vater Sergius, ein würdiger Mann mit dem Antlitz eines Heiligen, celebrierte die Liturgie. Ein kleiner Chor, der in der Orthodoxie den Chor der Engelscharen repräsentiert, sang wunderbare uralte Hymnen. Alfred verstand nichts von der heiligen Handlung, und der ungewohnte Weihrauch machte ihn etwas schwindelig, auch ermüdete ihn das stundenlange Stehen, aber dann sah er alte Damen, wie sie still und ehrfürchtig vor Gott standen, und nahm sich zusammen. Die meisten Beter ließen die Hände her-

unterhängen. Alfreds Hände wurden heiß und schwer, er faltete sie und drehte unbewußt die Daumen. Vater Sergius kam aus der Altartür, sein Blick fiel auf Alfreds kreisende Daumen. Alfred wurde rot und hörte eine Weile auf, die Daumen zu drehen. Alfred vermochte die Liturgie mit dem Verstand nicht zu verstehen, aber aus dem inbrünstigen Gesang des Chores und den halb gesungenen Gebeten des Priesters und der Diakone spürte er eine bezwingende Frömmigkeit, der er sich nicht entziehen konnte.

Schließlich ging der Gottesdienst zu Ende. Die Gemeindeglieder stellten sich in eine Reihe, knieten vor der Ikone des Festtages, dann küßten sie das Kreuz, das Vater Sergius ihnen vorhielt, und seine Hand. Er sah Wera und Alfred gefällig an und lächelte. „Nu, nu, pomolwlennye! posdravljajiu! Na, na, Verlobte, ich gratuliere", und er machte das Kreuzeszeichen über sie.

Alle Russen kamen und gratulierten Wera und Alfred, umarmten und küßten sie.

Alfred und Wera waren verheiratet. Sie hatten eine schöne kleine Wohnung in Wilmersdorf. Alfred vertrat eine Reihe von Solinger und Remscheider Werkzeugfirmen und hatte viel zu tun. Wera versah den Haushalt. Auf dem Gebiet des Haushalts und des Einkaufs war sie eine Art Kaspar Hauser, sie konnte zwar seit früher Kindheit sprechen und war unter Menschen, vielleicht sogar unter zu vielen Menschen aufgewachsen, aber daß sie zu Hause keine Pflichten gehabt hatte, wirkte sich jetzt aus. Wenn man bis zum zwanzigsten Lebensjahr nie die Küche betreten hat, nie in ein Geschäft einkaufen ging, nie eine Nadel einzufädeln brauchte, waren diese Dinge später schwer zu lernen. Was jedes Kind in Westeuropa beherrschte, mußten Jadwiga und Wera mühsam erlernen.

Das Kochen besteht nicht nur im rechten Mischen und Zubereiten der Speisen, man muß auch die rechten Mengen einkaufen, und man muß auch wissen, wo man die verschiedenen Dinge kaufen kann, man muß wissen, wie man Gemüse putzt, das Fleisch zubereitet, und wie man den Ofen anmacht und daß man nicht vergißt, ihn nach Gebrauch wieder auszumachen. Die rechte Koordination aller dieser Dinge, die den meisten Frauen selbstverständlich waren, mußte sie mühsam lernen und sich immer wieder klarmachen. Sie waren ihr nicht zur Gewohnheit geworden.

Alfred, der viel auf Reisen war, sorgte sich ständig um Wera und rief sie aus den entferntesten Gegenden jeden Tag mit Herzklopfen an. Lebt sie noch, hat sie die Wohnung nicht in Brand gesteckt oder sich mit ausströmendem Gas vergiftet, ist ihr nicht ein Ventil um die Ohren geflogen? Diese Angst war durchaus berechtigt, wie er aus Erfahrung wußte. Glücklicherweise überstand Wera die fast täglichen Pannen mit großem Gleichmut und mit Heiterkeit, und es gab in schwierigen Fällen immer liebe Nachbarinnen, die der erschrockenen Wera halfen, wenn sie mit weit aufgerissenen dunklen Augen zu ihnen gelaufen kam. Sie schimpften zwar, lasen ihr die Leviten und staunten über so viel Unvernunft, aber dann lachten sie zusammen, wenn der Schaden behoben war. Und gerne versprachen sie Wera, die Vorkommnisse vor Alfred geheimzuhalten. Die Nachbarinnen lächelten zwar über Weras unpraktische Art, aber sie liebten und verehrten sie wegen ihrer gleichbleibenden Freundlichkeit und Sanftmut und wegen ihrer unbedingten Hilfsbereitschaft. Wenn sie in Weras Gegenwart über ihre Nachbarinnen klatschten, riß sie die Augen weit auf und sagte: „Ach!" und „Och!" und schaute ungläubig drein: „Ich dachte immer, sie seien Freundinnen, Sie sind doch immer sehr nett zueinander, und die anderen helfen Ihnen, wenn Sie in Verlegenheit sind?"

Die Frauen wurden still und schämten sich. „Ja, natürlich sind wir befreundet, aber niemand ist vollkommen, und da macht man sich Gedanken über die anderen."

„Wäre es dann nicht besser, Sie würden es Ihrer Freundin selbst sagen? Sie wäre sicher dankbar für solche Hinweise." Da verstummte der Klatsch.

Eines Tages sagte sich Weras Tante Lucie zu Besuch an. Wera war voller Freude und Eifer: „Wir müssen alles tipp-topp haben, du weißt, was für eine perfekte Hausfrau Tante Lucie ist, sie sieht jedes Staubkörnchen."

Alfred half Wera, die Wohnung in Ordnung zu bringen, dann fuhr er zum Bahnhof, um die Tante abzuholen, während Wera zu Hause ein Festmahl kochte. Fröhlich kamen Alfred und Tante Lucie an, Wera stürzte zur Tür, umarmte Tante Lucie und küßte sie ab. Noch während der Begrüßung gab es einen ohrenbetäubenden Krach. Die Küchentür flog auf und sie sahen, wie eine Stichflamme vom Gasherd zur Decke hochschlug. Dann knallte die Backofentür mit lautem Bums gegen die Wand, die Fensterscheiben klirrten von der Explosion. Dann wurde es plötzlich still.

Tante Lucie sank in die Knie, Wera hielt sie fest. Alfred wußte in der Verwirrung nicht, was er zuerst tun sollte. Dann rannte er zum Gasschrank und schloß den Haupthahn. Es war tatsächlich eine Gasexplosion gewesen. Wera wußte selbst nicht, wodurch sie sie verursacht hatte.

Gemeinsam schleppten Alfred und Wera die erschrockene Tante Lucie ins Wohnzimmer, legten sie aufs Sofa und flößten ihr ein großes Glas Cognac ein. Mit schwacher Stimme fragte sie: „Ist das immer so bei euch?"

„Nein", sagte Alfred tröstend, „das war nur zu deinem Empfang, sonst geht es ziemlich gesittet zu."

Das, was von dem Mahl noch zu retten war, schmeckte sehr gut. Tante Lucie bekam wieder Farbe und wurde munter. „Ich sehe, du hast kochen gelernt, Wera, es schmeckt vorzüglich!"

Die Tage mit Tante Lucie vergingen schnell und heiter, sie besichtigten viele Sehenswürdigkeiten Berlins und waren oft bei Jadwiga. Sie genoß das vielseitige Leben in der großen Stadt. Begeistert ging sie mit Wera einkaufen und schenkte ihr viele kleine Dinge, um die Wohnung zu verschönen, sie gab ihr Ratschläge für die Küche und das Haus. Einmal fiel ihr Blick auf die etwas abgetretene Fußschwelle. „Das könnte Alfred mit ein bißchen Fußbodenfarbe doch leicht in Ordnung bringen."

Eigentlich fand Alfred es nicht so schlimm, aber um Tante Lucie, die sie so sehr verwöhnte, einen Gefallen zu tun, besorgte er braune Farbe und begann zu streichen, während Wera ausgiebig mit einer Freundin telefonierte. Nach dem Streichen stellte Alfred die Dose mit der Fußbodenfarbe ins Badezimmer. Durch eine ungeschickte Bewegung stieß er die Dose um, und die Farbe ergoß sich auf den Fußboden, es entstand ein tellergroßer dicker Klecks.

„Wera!" rief er ärgerlich, „wie lange willst du noch telefonieren, mir ist die Farbdose im Badezimmer umgekippt!"

„Reg dich nicht auf, Alfreduschka!" rief sie und hörte nicht auf zu telefonieren, „ich komme gleich und bringe es wieder in Ordnung."

Nach einer Weile ging sie ins Badezimmer, machte die Tür hinter sich zu, und man hörte sie mit dem Eimer klappern. Dann verriegelte sie die Tür. Alfred klopfte und wollte wissen, was los sei. Es war mäuschenstill im Bad, er spürte förmlich, wie Wera den Atem anhielt.

„Mach sofort auf!" rief er besorgt.

„Warte einen Moment, ich bin gleich fertig, Alfreduschka", entgegnete sie kleinlaut. Alfred holte Tante Lucie zur Verstärkung. In diesem Augenblick stürzte Wera aus der Tür, sie riß den Mantel vom Haken und rannte die Treppe hinunter. Alfred stieß die Badezimmertür auf. Alles war braun, der

Fußboden, die Badewanne, die Toilette, das Waschbecken. Auf den gekachelten Wänden waren Abdrücke von riesigen roten Händen, die unmöglich von Wera stammen konnten. Alfred schrie vor Entsetzen, und Tante Lucie schlug die Hände über dem Kopf zusammen. Alfred lief besorgt die Treppen hinunter. „Weruschka, komm doch wieder herauf!" Ganz unten hörte er ihre Stimme: „Ich lauf nur in die Apotheke!"

Ob sie sich verletzt hatte? Alle Türen öffneten sich, und neugierige und erschrockene Nachbarinnen schauten heraus. Jemand hatte gesehen, daß Wera mit ganz roten Händen in die Apotheke gelaufen war. Ob sie sich gleich beide Pulsadern durchgeschnitten hatte? Bei dem Krach und der Aufregung von Alfred konnte das gut möglich sein. Sie schielten ängstlich zu Alfred hinauf. Aber er wehrte ab: „Es ist nicht das, was Sie denken, meine Damen, bei uns ist nur die Farbe umgekippt."

Die ganze Meute von Frauen stieg die Treppen hinauf, der Korridor ihrer Wohnung war voll von Menschen, alle wollten das Badezimmer sehen, sie lachten schallend und gaben gute Ratschläge. Nun fanden auch Alfred und Tante Lucie die Geschichte allmählich komisch.

Wera kehrte mit zwei großen Flaschen unter den Armen zurück. Sie war ganz außer Atem. „Der Apotheker sagt, du bekommst die Farbe wieder

ganz weg, wenn du nur sehr kräftig reibst."
Tante Lucie wollte zuerst wissen, was eigentlich
passiert war. „Nun erzähl mal, wie du das angestellt hast?" fragte sie.

„Ganz einfach. Ich nahm einen Eimer mit heißem
Wasser, tauchte das Schrubtuch hinein und wischte
den Boden auf, er wurde davon noch brauner und
ganz klebrig. Nun wollte ich das Tuch in der Badewanne ausspülen, da wurde sie auch braun. Das
Wasser aus dem Eimer goß ich in die Toilette, dabei
wurde auch diese braun, dann rutschte ich auf dem
glitschigen Boden ein paar mal aus und hielt mich
mit den Händen an der Wand fest, und schließlich
mußte ich doch die verklebten Hände im Waschbecken abwaschen. Nun war mir inzwischen auch
alles egal, es war doch schon alles braun. Ich hatte
nur einen Gedanken, hier so unauffällig wie möglich herauszukommen."

Alfred bot alle seine Kraft auf, um mit ätzenden
Mitteln zuerst den Boden, dann die Badewanne, die
Toilette, das Waschbecken und schließlich die Wän-
de wieder blank zu scheuern, es war eine Sträflings-
arbeit, die für Wera nicht ohne Vorhaltungen und
Schimpfen vonstatten ging.

Beim Wegfahren sagte Tante Lucie: „Kinder, in
keinem Sanatorium hätten sich meine Nerven so
gekräftigt wie bei euch. Es war einfach herzerfri-
schend!"

Bobik hatte sich nach Abschluß seines Studiums in Bonn als Arzt niedergelassen, und Passenka war nach Brasilien ausgewandert. Jadwiga war in Berlin geblieben, und Wera und Alfred waren eng mit ihr verbunden. Wera besuchte die Mutter jeden Sonntag. Und wenn Alfred von seinen Reisen zurückkam, versäumte er nie, Jadwiga sofort anzurufen und einen Besuch mit ihr zu verabreden. Er betrachtete sie als seine Mutter und seinen besten Freund.

Die zwanziger Jahre waren vorüber. Der Charme des Romantischen Cafés mit diskutierenden Malern, Musikern und Literaten verging. Die ungeheure Arbeitslosigkeit erzeugte Not und Verbitterung. Horden der braunen SA marschierten im Gleichschritt durch die Straßen. Ihre Gesichter waren hart und entschlossen. Die meisten waren fanatisch und pathetisch, sie fühlten sich als Erbauer eines neuen Deutschlands. Jadwiga und ihre Kinder verfolgten diese Entwicklung mit Besorgnis und Entsetzen.

„Wir gehen schrecklichen Zeiten entgegen", sagte Jadwiga. Selbst sie mit ihrem starken Mut sah mit bangen Ahnungen in die Zukunft.

Die meisten russischen Emigranten hatten sich in alle Erdteile zerstreut. Der Optimismus der ersten Jahre mit der Hoffnung auf Wiederkehr in ihre Heimat war erloschen. Soweit sie es vermochten, suchten sie in bürgerlichen Berufen unterzukommen und sich den Gastländern anzupassen. Sie trafen sich an den Sonntagen in der Kirche, aber das starke Bedürfnis nach Gemeinsamkeit, das sie in den ersten Jahren der Emigration zueinander getrieben hatte, war erloschen.

Jadwiga fühlte sich müde und abgespannt; sie hatte Schmerzen im Leib, über die sie nicht sprach. Aber schließlich wurden die Schmerzen so heftig, daß sie sie nicht mehr verbergen konnte. Sie wurde zusehends magerer. Wera und Alfred brachten sie in die Charité zu Professor von Bergmann. Er stellte Leberkrebs fest. Bobik, der inzwischen in Bonn als Arzt tätig war, kam zu Besuch. Er sah das schmal gewordene Gesicht seiner Mutter, und es fiel ihm schwer, heiter zu bleiben, um die Mutter nicht merken zu lassen, wie sehr sie sich verändert hatte. Sie beschlossen, Jadwiga nach Hause zu nehmen, Wera übernahm die Pflege. Jadwiga war inzwischen so schwach geworden, daß man einen Rollstuhl anschaffen mußte. Alfred widmete ihr alle freien Stunden und fuhr sie soviel wie möglich spazieren. Sie nahm an allem Teil, sie freute sich an jeder Blüte und jedem grünen Blatt, an den Vögeln, den Hunden und Katzen, an spielenden Kindern. Oft verzog sie in starken Schmerzen ihr Gesicht, aber kein Laut der Klage kam über ihre Lippen.

Man sprach kein Wort über ihre Krankheit und sie fragte nicht. Manchmal glaubten die Kinder, sie wüßte nichts von der Schwere ihrer Krankheit, oder wollte sie nicht wahrhaben, aber wahrscheinlich wollte sie um keinen Preis Mitleid erregen und den Kindern das Herz nicht schwer machen. Sie nahm an allen Geschehnissen rege teil, sie besuchte, wenn der Zustand es erlaubte, Theater und Konzerte, und empfing den Besuch ihrer Freunde.

Im Gespräch mit Wera sagte sie manchmal: „Es bedrückt mich, daß mein Leben so leer gewesen ist, und daß ich euch keine gute Mutter war. Zu Hause war das Leben sehr oberflächlich, voll von Geselligkeit und Vergnügen, in unserer Gesellschaftsschicht war man eine Drohne, zu nichts erzogen und zu nichts nutze. Luxus und Vergnügen waren die höchsten Ziele des Lebens. Darum mußten wir wohl von der eingebildeten Höhe, aus dem selbstgeschaffenen Nichts so tief fallen. Was wird Gott zu mir sagen, wenn ich vor sein Antlitz trete? Ich kann mich nicht damit ausreden, daß man mich nichts anderes gelehrt hatte. Das ist auch nicht wahr. Wir haben genug Vorbilder, Christus, unsere Heiligen, unsere Starzen, und schließlich ganz aus der Nähe, unsere Tante Ella. Wir mochten sie nicht allzugern, weil sie streng mit uns war und uns zu Fleiß, Verantwortlichkeit und Ordnung ermahnte. Wir aber fühlten uns durch ihr Beispiel in unserem Schlendrian und Nichtstun gestört. Aber sie war doch das beste Beispiel, wie sich ein Mensch zu überwinden vermag. Jetzt, am Ende meiner vierziger Jahre denke ich, ich habe dreiviertel meines Lebens unnütz vertan. Sie senkte traurig den Kopf.

Wera weinte und umarmte sie: „Mamuschka, du warst uns die beste Mutter, und du hast alles für uns getan, du hast uns durch dein Beispiel erzogen, wir haben von dir nie ein böses oder heftiges Wort, einen Jähzornsausbruch gehört, nie hast du böse über andere Menschen gesprochen, jemanden beneidet. Du hast immer zuerst an die anderen gedacht, nie an dich selbst. Das muß dir doch dein Herz sagen. Tante Ella war eine liebe und eine strenge Heilige, du aber bist eine heitere Heilige, und das ist so schön an dir."

Jadwiga lächelte. „Ich und eine Heilige, welch ein Unsinn!"

Entgegen aller Erwartung besserte sich Jadwigas Zustand noch einmal, sie wurde wieder frischer und die Schmerzen ließen nach. Sie beschloß, Bobik in Bonn zu besuchen. Am Tage, während er in der Klinik arbeitete, ruhte sie sich aus, aber abends wollte sie alle seine Freunde kennenlernen, wollte die alten Stätten wieder besuchen, die sie früher gesehen hatte, Köln mit seinen uralten Kirchen, die Ruine Heisterbach im herrlichen Buchenwald, die malerischen Nebenflüsse des Rheins, die Aar, die Agger, die Sieg. Mit wachen Sinnen und liebendem Herzen nahm sie alles Gesehene und Erlebte in sich auf. Bobik erinnerte sich ihrer gemeinsamen Reisen vor dem Krieg und stellte staunend fest, daß ihre Offenheit gegenüber dem Leben und ihre Bereitschaft zur Freude noch die gleichen waren.

Einmal sagte sie: „Bobik, ich nehme dies alles bewußt in mich auf. Es ist ein Wunder, daß wir alles wach Erlebte nie wieder verlieren. Du kannst damit arbeiten, du kannst damit spielen; im Gedanken, im Brief, im Gespräch, du greifst aus der Tiefe deines Gedächtnisses etwas heraus, daß du vor langer Zeit erlebt, gesehen, gelesen hast, und im Licht des Tages ist es so hell und schön wie an dem Tag, an dem du es in deine Seele versenkt hast. Ich höre nicht auf, über die ungeheure Fülle des Lebens zu staunen. Und das seltsamste ist, daß die Dinge, die uns früher unermeßliches Leid brachten, die uns bis an den Rand des Todes, ja der Selbstvernichtung führten, später befriedet und trostvoll aus unserer Seele wieder aufsteigen, und wir begreifen, wie wesentlich gerade solche Erlebnisse für uns waren."

„Glaubst du, Mami, daß wir die Summe solcher Erlebnisse hinübernehmen in das andere Reich?"

„Das ist meine feste Überzeugung, Bobik, es ist

nichts sinnlos in diesem Erdendasein, auch nicht all die entsetzlichen Dinge, die im Namen von falschen Göttern, von Menschen gegen Menschen vollzogen werden. Ich stelle mir dieses Leben immer als ein Gastsein vor. Wir vergessen es nur zu oft. Wir sind nicht Herren dieser Erde, wie wir fälschlich meinen, wir sind Gäste, wir kommen nackt und arm hinein und gehen so hinaus. Dazwischen schaffen wir uns mancherlei Güter, erben oder verschleudern sie, aber ich glaube, daß wir nach Gottes Willen ganz andere Güter sammeln sollen, Ehrfurcht vor Gott, Liebe zum anderen, Güte, Reife und Weisheit."

„Mamotschka, du bist also davon überzeugt, daß unser Leben nicht mit dem Tod zu Ende ist, daß Gott ewiges Leben für uns bereit hat?"

„Ganz fest, und das macht mich trotz Krankheit und so vieler Not, die wir gemeinsam erlebt haben, fähig, heiter und ohne Angst zu sein. So froh, wie ich hier gelebt habe, so offen und froh möchte ich durch die geheimnisvolle Pforte des Todes gehen, wenn Gott mich ruft. Ich habe gelernt, in allen Situationen auf ihn zu vertrauen und alles aus seiner Hand zu nehmen, das Gute und das Bittere, und meine Seele an nichts zu binden. Wenn man das lernt, wird man wahrhaft frei."

„Hast du denn eine Vorstellung, wie es in jenem anderen Leben sein mag?"

„Nein, und es ist auch nicht gut, danach zu fragen.

Es gibt viele Menschen, die erst Beweise haben wollen. Aber der Glaube fordert keine Beweise. Es geht nicht um den Beweis, es geht um die Gottesschau. Die Alten kannten sie noch; die Menschen einer materialistischen Zeit haben sie aus ihrem Gespür verloren. Was ist denn hier auf Erden schon beweisbar? Das Wesentliche nicht! Niemand weiß, was in der nächsten Minute mit ihm geschieht. Wir versuchen das Leben zu sichern, doch wir vermögen es nicht. Aber wenn Gott uns schon in diesem Leben soviel Gutes schenkt, warum sollten wir uns dann vor dem ewigen Leben fürchten und uns gegen den Tod sperren?"

Jadwiga reichte Bobik die Hand und hielt sie fest. „Ich weiß, daß ihr Kinder mich versteht. Das macht mich sehr glücklich. Du teilst meinen Glauben, darum verstehst du, daß ich mich nicht an das Leben klammere, sondern mich füge und bete, ‚dein Wille geschehe‘.

Und ihr werdet mich auch nicht festhalten. Ihr seid alle gut behütet, Wera und Alfred, Passenka und du. Was ist aus dem kleinen verwahrlosten Rowdy für ein lieber Junge geworden! Ich bin so dankbar für euch. Und ich brauche euch nicht zu sagen, ihr möchtet zusammenhalten, denn ihr tut es."

Die Zeit des Abschieds kam. Alle Freunde wollten Jadwiga das Geleit geben, jeder von ihnen fühlte sich von ihr so angesprochen, daß er glaubte, gerade ihm gelte ihre Freundschaft. Bobik bat sie, man möge ihn mit seiner Mutter allein lassen. Auf dem Bahnhof verabschiedeten sie sich, sie schauten sich lange und stumm in die Augen. Bobik wollte das Antlitz seiner Mutter ganz in sich hineinnehmen. Der Zug setzte sich in Bewegung. Ihre Gestalt wurde immer kleiner und undeutlicher. Schließlich sah er nur noch den ausgestreckten Arm und das wehende Taschentuch. Er wußte, er würde sie nicht wiedersehen. Aber es kam keine Trauer in ihm auf, er fühlte sich unbegreiflich leicht und heiter, und er war erfüllt von Dank.

Jadwiga fuhr wieder nach Berlin und war bei Wera und Alfred. In den nächsten Wochen wurde sie immer schwächer. Alfred und Wera verließen sie nie und begleiteten das verlöschende Leben bis zum letzten Atemzug. Die körperliche Auflösung war qualvoll, aber Jadwiga war bemüht, die nächsten und liebsten Menschen an ihrem Schmerz möglichst wenig leiden zu lassen. Sie starb getrost, und sie war bis zuletzt voller Zuversicht und Glauben ganz einem neuen Leben zugewandt. Von der Toten ging tiefer Friede aus. Alles, was schön und edel gewesen war an diesem Antlitz, der Gestalt und den feingliedrigen Händen, wurde noch einmal offenbar.

Die Menschen in Deutschland teilten sich in jener
Zeit in zwei Lager, die einen waren Anhänger des
Nationalsozialismus, manche aus Begeisterung oder
um persönlicher Vorteile willen, und die anderen
waren erbitterte Gegner des unmenschlichen Sy-
stems. Die Teilung ging durch alle Gesellschafts-
klassen, sogar mitten durch die Familien. Erstaun-
lich war, wie schnell brave und anständige Menschen sich zum Judenmord, zur Verachtung der Angehörigen anderer Rassen, zur Vernichtung lebens-
unwerten Lebens bekannten, und mit welcher
Selbstverständlichkeit sie vermeintliche Feinde des
Regimes denunzierten.
Viele Freunde von Alfred und Wera wurden verhaftet, sie verschwanden in Gefängnissen oder in
den berüchtigten Konzentrationslagern. Lothar Erd-
mann wurde abgeholt und starb in Sachsenhausen
infolge brutaler Marterungen; man hatte ihn an
den Armen stundenlang aufgehängt. Viele Freunde entschlossen sich auszuwandern. Bobik wurde
verhaftet und verschwand in den Moorlagern im
Emsland. Da Alfred viel auf Reisen war, gelang es
ihm, sich der Mitgliedschaft der Partei zu entziehen, ohne daß es auffiel.

Er kannte Weras geraden Sinn und flehte sie an, vorsichtig in ihren Äußerungen zu sein, und so wenig wie möglich mit den Nachbarinnen, von denen viele begeisterte Anhängerinnen Hitlers waren, zu verkehren. Sie versprach es und hielt Wort. Passenka, der schon jahrelang in Brasilien lebte, kam auf Urlaub. Er begriff nicht recht, was hier geschah; er sah, daß die Not und die Arbeitslosigkeit gebannt waren, er sah aber auch die marschierende SA und SS, er sah Menschen mit einem gelben Judenstern auf der Brust und er hörte den veränderten Ton der Menschen. Er wußte nicht, was er davon halten sollte. Er wollte möglichst bald wieder nach Brasilien zurückreisen, das ihm zur Heimat geworden war.

Da brach der Krieg aus. Passenka wurde eingezogen. Wera brachte 1941 ein lang ersehntes Töchterchen zur Welt, das sie Wera nannten. Die ersten Bomben fielen auf Berlin. Alfred beschloß, Wera und die Tochter für eine Weile aus Berlin herauszubringen, er war immer noch viel unterwegs, und wollte die Mutter und das Kind in der gefährdeten Stadt nicht allein lassen. Sie ermittelten eine Bleibe in Buckow in der Mark. Alfred brachte Wera und Klein-Wera dorthin. Es war ein nettes kleines Einfamilienhäuschen mit großem Garten am Rande des Ortes.

Sie stiegen eine Böschung hinunter und gingen durch

ein Törchen zum Haus. Im Garten meckerte eine Ziege. Auf Alfreds Klingeln wurde die Tür geöffnet. Vor ihnen stand eine magere Frau mit einem mürrischen Gesicht, zerzaustem schwarzem Haar, unordentlich und schlampig angezogen. Wera erschrak. Klein-Wera begann vor Angst zu weinen. Die Frau führte sie ins Haus, öffnete eine Tür und sagte barsch: „Hier ist das Zimmer!" dann ging sie.

Das Zimmer war dunkel und klein, die Tapeten vergilbt und alt. An der Wand stand eine Pritsche, außerdem gab es nur noch einen Schrank und eine Kommode, auf der eine Waschschüssel stand.

Alfred war empört: „Hier könnt ihr unmöglich bleiben, in diesem Loch und bei dieser Frau! Ich nehme euch sofort wieder mit!"

Wera setzte sich auf die Pritsche, sie war hart und quietschte.

„Seegras guckt auch schon heraus", bemerkte Alfred, „darauf kannst du unmöglich schlafen. Zu Hause ist dir keine Matratze weich genug."

Wera blickte zum Fenster hinaus. „Schau mal da drüben das Birkenwäldchen, es ist ganz wie bei uns in Girejewo, da gab es auch so viele Birken im Park, laß uns hier bleiben, wir wollen es versuchen."

„Na, lange hältst du es hier nicht aus, das ist sicher, aber bitte, spiel nicht die Heldin, telegrafiere mir sofort, wenn es nicht geht, ich hole dich ab, wir finden schon etwas anderes."

Alfred verließ seine kleine Familie schweren Herzens. Wera winkte ihm vom Törchen aus nach, bis er hinter der Wegbiegung verschwunden war. Sie war traurig und bedrückt. Was sollte sie tun? Hier war alles fremd und unschön. Sie hatte manchmal Alpträume gehabt, in denen ähnliche Situationen vorkamen, trostlose Landschaften, leergeräumte, unwirtliche Behausungen und ein Gefühl furchtbarer Einsamkeit und Entfremdung.

Mutlos packte sie ihre Koffer aus und verstaute die Sachen in der Kommode und im Schrank. Da wurde die Tür brüsk aufgerissen, die Wirtin kam herein und gab Wera erste Verhaltungsmaßregeln: „Das sage ich Ihnen gleich, Kindergeschrei dulde ich nicht, und das Betreten des Gartens ist verboten, das Kind zertrampelt mir nur die Beete, und daß es mir keine Beeren abpflückt, ich mag auch nicht, daß es zwischen meinen Hühnern und der Ziege herumtobt!" Wera schaute sie groß an und nickte.

In einem Zimmer im Obergeschoß wohnten offenbar noch andere Gäste. Am nächsten Morgen hörte Wera unbeschreiblichen Lärm und Geschimpfe im Treppenflur und die schrille Stimme der Wirtin: „Nu aber raus, raus!" Kurz darauf konnte sie sehen, wie die Leute mit Koffern das Haus verließen. Später kamen neue Gäste, aber auch die zogen bereits am folgenden Tag nach heftigen Auseinandersetzungen wieder aus.

Wera verhielt sich ganz still, sie ging mit dem Kind im Birkenwäldchen spazieren und aß in einem Dorf-restaurant zu Mittag. Sie nahm sich vor, sich nach dem russischen Sprichwort zu verhalten: ‚Stiller als Wasser, niedriger als Gras.‘ Das obere Zimmer stand wieder leer. Da fragte die Wirtin: „Wollen Sie in das obere Zimmer ziehen?"

Wera hatte das Zimmer nie gesehen, aber schlimmer als das, welches sie bewohnte, konnte es nicht sein. „Sehr gerne", sagte sie.

Das obere Zimmer war groß und hell, hatte einen Ofen und zwei Betten und war frisch tapeziert. We-ra atmete auf. Abends vor dem Schlafengehen woll-te sie die Fensterläden schließen. Sie löste die Läden und zog sie zu, aber sie fand keine Vorrichtung, um sie zu befestigen. Besorgt legte sie sich hin. ‚Hof-fentlich geht es gut‘, dachte sie noch beim Einschla-fen. Es ging nicht gut. In der Nacht kam ein Sturm auf, die Fensterläden klapperten laut und schlugen hart gegen die Mauern. Wera zuckte jedesmal zu-sammen, die kleine Wera schrie verängstigt. Es war eine furchtbare Nacht. Wera wartete mit Bangen auf den nächsten Morgen.

Beim Morgengrauen stand sie leise auf und packte ihre Sachen in die Koffer. Es war ihr klar, daß sie hinausflog. Sie war kaum angezogen, da wurde die Tür jäh aufgerissen, schwer atmend kam die Wirtin ins Zimmer. Wera stand mit gesenktem Kopf da.

„Haben Sie heute nacht nichts gehört? Sind Sie taub? Was haben Sie mit den Läden gemacht?" „Verzeihen Sie mir bitte", sagte Wera leise, „das ist bei mir immer so. Ich kann wohl etwas auseinandernehmen, aber ich bringe nichts zusammen." Wortlos öffnete die Wirtin die Fenster und befestigte die Läden, dann ging sie schweigend hinaus. Wera atmete auf und packte die Koffer wieder aus. Es war ein kalter regnerischer Tag. Als Wera nach dem Mittagessen heimkam, war es im Zimmer mollig warm. Sie faßte den Ofen an, er war geheizt. Einige Tage war es ruhig, nichts Unangenehmes passierte, sie sah die Wirtin im Garten werkeln. Aber eines Morgens merkte Wera, daß die Matratze, auf der Klein-Wera schlief, naß war. Sie erschrak. Sollte sie wieder die Koffer packen? Sie faßte Mut, ging zur Wirtin und sagte ihr: „Es ist wieder etwas Schreckliches passiert!"

„Ja, was denn?"

„Die Kleine hat die Matratze naß gemacht."

„Na und", sagte die Wirtin, „das kann doch einem kleinen Kind passieren. Geben Sie her, ich werde sie gleich an der Sonne trocknen." Wera sah sie fassungslos an.

„Was ich Ihnen noch sagen wollte, wo laufen Sie denn jeden Morgen hin?"

„In das Birkenwäldchen, dort ist es so schön, es erinnert mich an meine verlorene Heimat."

„So, und das arme Kind muß mit seinen kleinen Beinchen neben Ihnen hertippeln, wo es doch so gerne spielen möchte. Warum gehen Sie nicht in den Garten, dort ist doch Platz genug, und Birken sind auch da!"

„Jaa, ich dachte . . ."

„Was ist da zu denken! Die Kleine kann mit der Ziege spielen und sie am Bart zupfen, sie ist ganz zahm."

„Ja, aber wenn sie an die Beeren geht, Sie wissen, wie Kinder sind."

„Ist denn das so schlimm, kommt es auf ein paar Beeren an? Ich habe sie doch nicht gezählt."

Wera nahm ihre Hand und drückte sie fest.

Eines Abends, als Wera heimkam, stand die Wirtin im Flur und sagte: „Warum sitzen Sie abends immer allein? Kommen Sie doch zu mir herunter ins Wohnzimmer wenn das Kind schläft, ich bin auch ganz allein."

Wera ging hinunter und klopfte an die Küchentür. „Nein, nein, nicht hierher, wir wollen uns in die gute Stube setzen." Die Wirtin bereitete Tee und servierte Plätzchen. Sie holte ein altes Familienalbum heraus und zeigte Wera ihre Angehörigen und sich selbst als kleines Kind, es war ein allerliebstes Kind. Sie erzählten von gestern und heute. Die Frau hatte ganz vernünftige Ansichten. Wera schaute in die Augen der verhärmten Frau und fand, daß sie warm und gut waren. Als Alfred an einem Sonntag unangemeldet kam, traute er seinen Augen nicht, er sah seine Frau und die Wirtin am Gartentisch Beeren verlesen. Klein-Wera saß neben der Ziege und kraulte sie. ‚Das kann nur meine Wera fertigbringen‘, dachte er. Als sie später nach Berlin zurückfuhren, brachte die Wirtin sie an die Bahn. „Kommen Sie wieder, wann Sie wollen, ich habe Sie gern. Und Sie brauchen nicht zu darben, ich werde Ihnen Lebensmittel schicken."

Sicherheit

Neunzehnhundertvierundvierzig. Wohin man sah, Ruinen, fensterlose Häuser, dürftig mit Pappe vernagelt, abbröckelnde Fassaden, ernste, niedergeschlagene Menschen ohne Hoffnung. Auf den Straßen Schuttberge und Möbelwagen, die die Menschen mit ihren Habseligkeiten beluden, um zu evakuieren, was noch zu retten war. Die Unentwegten berauschten sich an den versprochenen Siegen und an den noch zu erwartenden Wunderwaffen. Die meisten waren sich der verzweifelten Situation sicher bewußt, aber sie waren in den Teufelskreis einbezogen und konnten sich dem Schicksal nicht entziehen.

Alle Nachbarn von Wera und Alfred hatten schon die wertvolleren Möbel und Gegenstände in vermeintliche Sicherheit gebracht. Nur Wera weigerte sich, es zu tun. Alfred führte Wera ans Fenster und zeigte ihr das gewohnte Bild: „Wera, sieh mal auf die Straße, was tun vernünftige Leute? Sie verlagern! Die Mütter mit den Kindern sind schon weg, außer unserer Kleinen siehst du kein Kind weit und breit. Ich rede zu dir wie gegen eine Wand. Ich habe in Zossen ein Zimmer gemietet. Ich werde dorthin einige Sachen in Sicherheit bringen und bitte dich, mit Klein-Wera auch dort zu bleiben. Ich werde ganz nervös, wenn ich denke, wie gefährdet ihr beide seid, und du tust so, als ob es dich nichts anginge."

„Ich weiß gar nicht, von welcher Sicherheit du sprichst, Papachen. Wo ist sie? Sie muß wohl da sein, wo wir nicht sind. Du kannst bis ans Ende der Welt laufen, soweit dich die Füße tragen, vor deinem Schicksal läufst du nicht weg. Gott findet dich überall, er allein weiß, wann unsere Stunde schlägt. Wir sind auf diesen Platz gestellt, und wir bleiben hier!"

In der Nacht waren wieder mehrere heftige Luftangriffe. Sie schleppten das Kind und die Koffer vom vierten Stock herunter in den Luftschutzkeller. Wera blieb während der Erschütterungen durch die Detonationen seelenruhig. Sie hatte das schlafende Kind auf dem Schoß und las in einem Buch. Alfred war nervös. Die Menschen waren verängstigt, einige zuckten bei jedem Schlag zusammen, andere weinten, einige fragten, ob es jetzt hier eingeschlagen habe.

„Du kannst doch bei diesem Getöse nicht lesen, du mußt eine Elefantenhaut haben, Wera! Was liest du denn da?"

„Ich lese das Buch vom sanften Tod."

Die Kleine begann zu weinen. Wera streichelte ihren Kopf und begann ihr ein Märchen von einer schönen guten Fee zu erzählen; die Erde zitterte. Der Lärm von den tieffliegenden Bombern, dem schrecklichen Sausen der herunterkommenden Minen, das immer lauter wurde, bis ohrenbetäubende Explosionen ertönten, war unbeschreiblich. Klein-Wera, von der Ruhe ihrer Mutter beeindruckt, lauschte auf das Märchen.

Alfreds Nerven waren bis zum Zerreißen angespannt. Als sie gegen Morgen nach der Entwarnung wieder in ihrer Wohnung waren, befahl er in diktatorischem Ton: „Ich habe deine unheimliche Ruhe satt, jetzt ist Schluß mit den russischen Meditationen, jetzt hörst du auf mich! Du wirst Wäsche, Silber und unsere besten Sachen einpacken, und wir bringen sie nach Zossen. Du wirst mit dem Kind dortbleiben und ich werde, wenn ich kann, des Abends hinkommen." Wera gehorchte schweren

Herzens. Schwer bepackt fuhren sie im überfüllten Zug nach Zossen. Wera sprach auf der Fahrt kein Wort.

Sie kamen an. Die Gastfamilie saß gerade beim Kaffee, ihre Gesichter wurden unfreundlich und lang. Alfred stellte sich vor und sagte: „Wie angemeldet bringe ich meine Frau und meine Tochter zu Ihnen und bitte um freundliche Aufnahme."

Das Zimmer lag zu ebener Erde, war dürftig möbliert und eisig kalt. Die Wirtin heizte den eisernen Ofen, der fürchterlich qualmte. Alfred begann die Sachen auszupacken, Wera sagte noch immer nichts. „Es hilft alles nichts, wir müssen es auf uns nehmen."

„In Berlin habe ich eine gemütliche Wohnung, dort ist es warm", entgegnete Wera leise.

„Noch!" brummte Alfred.

„Das ‚noch' genügt mir!"

Sie legten sich schlafen auf die harten Betten, Wera hustete ununterbrochen. Der scharfe Rauch beizte die Schleimhäute und erzeugte schmerzhaften Reiz an Augen und Stimmbändern. „Du hustest, als ob du Schwindsucht hättest", sagte Alfred.

„Ja, ich stehe wohl vor einer Lungenentzündung, es ist kalt und feucht hier, und ich würde mich nicht wundern, wenn die Kleine krank wird. Hast du noch nichts von dem Qualm gemerkt?"

Das Kind schlief unruhig. Alfred und Wera schliefen kaum. Jeder hing seinen Gedanken nach. Beim Morgengrauen stand Wera auf und begann die Koffer zu packen.

„Wo willst du hin?" fragte Alfred unsicher.

„Nach Hause!" sagte Wera lakonisch.

„Du kannst nicht nach Berlin zurück!"

„Doch", entgegnete sie gelassen, „dort habe ich noch eine Chance, mit Gottes Hilfe zu überleben, hier aber werde ich in wenigen Tagen an Rauchvergiftung oder Lungenentzündung zugrunde gehen."

„Du kannst nicht in die Unsicherheit zurück!" schrie Alfred gereizt.

„Ich fühle mich dort so sicher wie in Christi Hand!" war Weras Entgegnung und damit behielt sie das letzte Wort.

Als sie mit Sack und Pack das Haus verließen, erhellten sich die Gesichter der Wirtsleute, sie trugen sogar das Gepäck zum Bahnhof. Das war Alfreds erster und letzter Versuch, Wera, das Kind und ihre Sachen in Sicherheit zu bringen. Er wagte das Thema nicht mehr anzuschneiden. Wenige Wochen später wurde Zossen durch wahrscheinlich zu früh abgeworfene Brandbomben getroffen; von dem Haus, in dem Alfred für die Seinen Sicherheit gesucht hatte, blieben nur die Fundamente übrig.

Es war in den letzten Monaten vor Kriegsende. Die
Luftangriffe auf Berlin wurden immer heftiger.
Eines Nachmittags machte Alfred einen Spaziergang mit Wera, sie gingen langsam um den Häuser-
block. Die Straßen waren verschneit. Plötzlich blieb
Wera wie angewurzelt stehen: „Schau doch mal
hinüber!" An der Ecke stand ein Handwagen mit
Gemüse, und davor ein riesiger Mann mit breiten
Schultern. Er hatte einen schäbigen Mantel an und
eine Pelzmütze, wie sie die russischen Soldaten trugen. Er breitete die Arme wie Flügel weit aus und
schlug sie über Kreuz um seine Brust, wie es die
russischen Kutscher taten, um sich zu erwärmen.
„Sieh mal, Alfred, er sieht aus wie ein Recke aus
der russischen Heldensage; und wie er die Arme
bewegt, das kann nur einer aus dem Osten sein."
Wera ließ Alfred stehen und lief zu dem Mann hinüber. Alfred kam langsam nach. Der Mann hatte
ein schlitzäugiges, gutmütiges Gesicht.
„Er ist Tartare!" rief Wera erfreut. Sie schüttelten
sich ausgiebig die Hände und begrüßten sich, als ob
sie alte Bekannte seien. Wera sprach laut russisch
mit ihm. Die Passanten drehten sich um, es war ge-
fährlich, in jener Zeit russisch zu sprechen.

„Seit wann sind Sie hier, wie kamen Sie nach Deutschland?"

„Ganz einfach", sagte er und lachte breit, „es war im ersten Weltkrieg. Ich diente in der russischen Armee und marschierte mit meinem Regiment in Ostpreußen ein. Das Land und die Menschen, wie ich mir sie besah, gefielen mir gut. Ich hatte genug vom Töten und wollte auch nicht getötet werden. Da ging ich über und fragte einen deutschen Soldaten: ‚Wo ist hier die Gefangenschaft?'

Nun, da haben sie mich in die Gefangenschaft genommen, für mich war der Krieg zu Ende. Später blieb ich hier."

Er lachte laut und ausgelassen. Wera lachte mit. Wie lange hatte sie kein Lachen mehr gehört und selbst nicht gelacht. Es war ihr für Augenblicke, als ob es keinen Krieg und keine Bombennächte gäbe und sie in ihrer fernen Heimat sei.

Alfred besah sich den Gemüsekarren. Der Blumenkohl hatte schwarze Flecke, der Salat war welk und das Suppengemüse sah wie Dörrgemüse aus.

„Na, die drehen Ihnen ganz schönen Ausschuß an!"

„Nitschwo", lachte der Tartare, „ich nehme, was Gott mir schickt. Ist auch Gemüse, Gott läßt Gerade und Krüppel wachsen, vor seinen Augen sind sie ihm gleich lieb. Es ist doch gute Ware, damit auch man kann satt werden!"

„Doch, doch", sagte Wera, „es ist auch gut, und

wir werden jetzt immer bei Ihnen kaufen."
Sie schüttelten sich wieder die Hände. Dann band
der Tartare sich die Schnüre um die Schultern und
zog mit dem Wagen los. Wera sah ihm versonnen
nach. Sie sah verwandelt aus. „Sieh mal, Alfred,
er sieht aus wie ein Wolgaschiffer."
Wera kaufte nun täglich ihr Gemüse bei dem Tartaren. Er freute sich und winkte ihr, wenn er sie von
weitem kommen sah.

„Na, wie haben wir es gemacht, wieder einen Tag überlebt, ist der Herr nicht gnädig mit uns?"
Sie bewunderte seinen Gleichmut und seine immerbleibende Fröhlichkeit. An einem Tag war das Gemüse so welk und verdorben, daß er es nicht zu verkaufen vermochte.

„Oh, heute haben Sie aber nicht viel Kasse gemacht!"

„Nitschewo, es wird schon reichen, dann kommen wieder bessere Tage, so ist das Leben."

Wera und Alfred baten ihn, sie zu besuchen. Strahlend kam er an, er setzte sich behäbig hin, nahm Klein-Wera auf den Schoß und schenkte ihr Schokolade, die er wer weiß wo aufgetrieben haben mochte, der großen Wera brachte er einen frischen Blumenkohl. In der Dürftigkeit war das ein großes Geschenk. Sie tranken Tee zusammen. Er goß sich nach Bauernsitte den Tee in die Untertasse, nahm ein Stückchen Zucker zwischen die Zähne und schlürfte genüßlich den Tee. Wera, um ihn nicht zu beleidigen, tat dasselbe. Sie sprachen leise russisch miteinander und vergaßen, daß Krieg war, daß sie in einem fremden Lande waren. Hier waren sie zu Hause, wo die Ikonen von den Wänden schauten, der Samowar brummte, und wo sie Erinnerungen austauschten. Von nun an kam der Tartare oft, immer brachte er etwas mit, und sie wußten, daß er es sich am Mund abgespart hatte. Er war so geborgen in seinem kindlichen Gottvertrauen, daß er tiefen Frieden ausstrahlte.

Eines Tages lud er Wera, Alfred und Klein-Wera zu sich ein. Er bewohnte ein kleines, sauberes Mansardenzimmer in der Nähe. Er hatte Kohlpiroschki bereitet und bot sie ihnen mit Tee an. Es war warm und gemütlich. Vor einer Muttergottesikone brannte eine kleine Kerze. Plötzlich wurden sie durch das furchtbare Heulen der Alarmsirenen aufgeschreckt. Wera und Alfred wollten schnell nach Hause laufen, aber der Tartare verbot es ihnen. Er selbst ging nur selten in den Luftschutzkeller, seine Nachbarn waren ihm fremd, und sie beargwöhnten ihn. Diesmal mußte er mit Wera und Alfred hinunter. Die Leute schauten den Tartaren und seinen Besuch unfreundlich an. Sie hörten jemand sagen:

„Was will der denn hier, und was schleppt er für Leute an, die nicht hierher gehören!"

Still setzten sie sich in eine Ecke des Luftschutzkellers. Der furchtbare Lärm der explodierenden Luftminen wurde immer bedrohlicher, die Erde bebte, einige Menschen weinten oder schrien vor Angst. Dann gab es einen ohrenbetäubenden Krach. Das Haus war offenbar getroffen worden, Mörtel fiel von der Decke und den Wänden. Der Türrahmen hing schief. Zuerst konnte man vor lauter Staub nichts sehen und nicht atmen.

Der Tartare erhob sich und kämpfte sich bis zum

Ausgang durch. Schwarz und mit Mörtel bedeckt kam er wieder. „Ganz kaputt! Haus pffff ..." und er machte die Geste des Einstürzens. „Alle kommen, vorsichtig, nicht drängeln, Decke fällt, ich halten Tür."

Eine bezwingende Macht ging von seiner Ruhe aus, niemand wagte sich vorzudrängeln. Er stemmte sich mit seinen mächtigen Schultern gegen die herabfallende Tür und ließ die Leute einzeln hindurch. Wera, Alfred und Klein-Wera schlüpften an ihm vorbei auf die Straße. Wera dankte ihm auf russisch. Sie hatten einen kurzen Weg bis zu ihrem Haus zurückzulegen. Ob ihr Haus noch stand? Überall fielen brennende Balken rauchend und krachend auf die Straße, bald waren ihre Kleider mit glühender Asche bedeckt. Der kurze Weg bis zu ihrem Haus schien kein Ende zu nehmen. Schließlich kamen sie zu Hause an. Viele Fenster waren zersplittert, aber das Haus stand noch. Sie dankten Gott, sie waren, zum wievielten mal in diesem schrecklichen Krieg, gerettet worden.

Als Wera am nächsten Tag zum Stand des Tartaren ging, war er nicht da. Beunruhigt ging sie zu seinem Haus. Es war in sich zusammengefallen und ausgebrannt. Die ehemaligen Bewohner standen ratlos herum. Wera fragte nach dem Tartaren. Niemand wußte etwas von ihm.

„Aber er hat uns doch gestern alle gerettet!" rief

Wera. Sie nickten teilnahmslos. Der Tartare war wie vom Erdboden verschwunden. Niemand hatte sich um ihn gekümmert, niemand hatte versucht, ihm für die Errettung zu danken. Viel später, als man das Haus abtrug, fand man seine Leiche unter der eingestürzten Tür.

Die Errettung

Die Russen standen am Breitenbachplatz, zehn Minuten Fußweg bis zur Wohnung von Alfred und Wera. Die letzten deutschen Männer, die noch zu Hause waren, auch Einbeinige und Einarmige, fast Blinde und Alte wurden zum Volkssturm eingezogen. Alfred und der Heizer seines Häuserblocks waren dabei. Er zögerte, was sollte er tun? Sollte er in diesem sinnlosen und verbrecherischen Kampf im letzten Augenblick vor dem völligen Zusammenbruch noch die Waffe benutzen?
„Wenn man nur wüßte, was richtig ist, es dauert doch nur noch zwei Tage, bis die Russen bis zu uns vorgestoßen sind."
„Du mußt wohl jetzt gehen, ehe sie dich holen oder gar im letzten Augenblick erschießen", sagte Wera, „wir wollen uns lenken lassen, du weißt, Gott verläßt uns nicht."

Alfred nahm Abschied von seiner Frau und dem Kind. Er hatte einen hellen Kamelhaarmantel an und einen braunen Hut auf, außerdem nahm er noch eine kleine Decke mit, so ging er in den Krieg. Er kam in der Sammelstelle an. Der Kompanieführer, dem er zugeteilt war, ein unentwegter Parteigenosse, der Alfred als Gegner des Regimes kannte, brüllte ihn an und schickte ihn auf einen Erkundungsgang. Alfred ahnte, daß jener nichts Gutes mit ihm vorhatte. Wera ging mit den anderen Frauen und einem Greis schon am Nachmittag in den Keller. Der Beschuß hörte nicht mehr auf. Sie legte sich mit der Kleinen auf die mitgenommenen Sofakissen und verhielt sich ruhig. Gegen vier Uhr morgens erbebte die Erde, alles zitterte, Mörtel fiel von der Decke, eine Staubwolke wirbelte hoch, sie konnten eine Weile nichts sehen. Eine Luftmine war im Hof explodiert. Die Heizkessel waren geborsten, das Wasser ergoß sich in die Keller. Sie mußten die Räume schleunigst verlassen. Das Wasser strömte und strömte. Niemand wußte, wie man die Hähne zudrehte oder sonst die geborstenen Rohre verschloß.

Die Frauen schickten den alten Herrn auf die Suche nach dem Heizer und nach Alfred. Er tippelte los in Richtung Südwestkorso. Wera und andere Frauen versuchten, bis zu ihren Wohnungen vorzudringen. Die Wohnungstüren lagen zersplittert auf den

Treppenabsätzen, Zwischenwände und Decken waren eingestürzt, die Fensterrahmen herausgefallen, Schutt, Steine und Möbel lagen im wüsten Durcheinander.

Die kleine Wera weinte herzzerreißend, sie hatte zum erstenmal vergessen, ihre Lieblingspuppe, den ‚dicken Artur' mitzunehmen. Er war in all den Jahren ihr unzertrennlicher Gefährte. Wera ließ die Kleine in der Obhut der Nachbarinnen und versuchte, über die Trümmer ihre Wohnung zu erreichen. Mühsam arbeitete sie sich über den Schutt bis zum vierten Stock. Die Wohnung bot das gleiche Bild wie die anderen. Durch die herabgefallene Decke konnte man Stücke blauen Himmels sehen. Viele Möbel waren von dem herabgefallenen Stuck umgekippt. Aber an den Wänden hingen unversehrt die Ikonen. Die Muttergottes von Kasan lächelte Wera tröstend zu. Wera verbeugte sich vor ihr und bekreuzte sich. Sie kletterte über den Schuttberg zum Schlafzimmer. Das Kinderbettchen von Klein-Wera stand noch da und darin lag, grau gepudert, der ‚dicke Artur'. Sie nahm ihn behutsam auf, staubte ihn ab und stieg wieder hinab. Die Augen der Kleinen leuchteten, als sie ihren ‚dicken Artur' an die Brust drückte.

Alfred stand indessen Wache vor der Barrikade. Da hörte er seinen Namen rufen. Es war der alte Herr, dem es gelungen war, sich bis dorthin vorzuarbei-

ten. „Scharwächter, Sie müssen kommen und uns
helfen."

„Leben die Meinen noch, und die anderen?" rief
Alfred zurück.

„Ja, ja, alle leben, aber die Keller stehen unter Wasser, Ihr müßt kommen und helfen!"

Alfred fand den Heizer. Gemeinsam gingen sie
zum Kompanieführer und baten um einige Stunden Urlaub.

„In ein paar Stunden melden Sie sich wieder!" sagte er giftig.

Der Heizer rollte seine Decke ein. „Was machen Sie denn da?" rief Alfred, „lassen Sie die Decke bloß hier, es muß doch aussehen, als kämen wir wieder!" „Schade um die gute Decke", meinte der Heizer. Sie stapften los. Immer wieder mußten sie vor einstürzenden Hauswänden in Deckung gehen, und es dauerte zwei Stunden bis sie zu Hause ankamen. Bis zum späten Abend hatten sie zu tun, um die geborstenen Rohre abzudichten. Nach einigem Überlegen beschlossen sie, nicht wieder zu ihrer Volkssturmgruppe zurückzugehen.

Es dauerte zwei lange Tage und Nächte, bis die Russen in ihrer Straße erschienen. Wenige Minuten, ehe die Russen kamen, waren einige Frauen zum Brunnen am Rüdesheimer Platz gegangen, um Wasser zu holen. Ehe sie den Platz erreichten, gerieten sie in einen Feuerüberfall, eine Frau brach von vielen Splittern getroffen zusammen. Man schleppte sie in den Hausflur. Plötzlich war der Hof voll von russischen Soldaten.

Ein junger, pausbackiger Soldat sprach Wera in gebrochenem Deutsch an. Sie antwortete ihm auf Russisch und ergriff seine Hand.

„Sdorowo Sestritschka — guten Tag Schwesterchen!" sagte er freudig. In diesem Augenblick ging die Stalinorgel los. Alles erzitterte von dem Lärm, die Menschen warfen sich zu Boden. „Hab keine Angst, Schwesterchen, das sind ja die unseren!"

lachte der Russe. Die verwundete Frau stöhnte. „Ich muß einen Arzt suchen!" rief Alfred, während er sich schon auf den Weg machte. Wera wollte ihn zurückhalten: „Alfred, bleib hier, wir sind im Krieg und gerade von den Russen besetzt. Du kannst doch jetzt nicht auf die Straße gehen; und wie du aussiehst in deinem braunen Mantel, wie ein Kapitalist!"

„Es ist meine Pflicht, einen Arzt zu holen!" Er drehte sich um und ging. Wera ließ die Kleine bei einer Nachbarin und lief hinter ihm her. Kurz vor der Wohnung des Arztes lagerten Soldaten. Alfred wußte nicht, was tun und wollte schon umkehren. Wera blieb stehen. Ein großer Mongole stand auf und ging auf sie zu.

„Guten Tag, Brüderchen", sagte Wera, „wir wollen zum Arzt, er wohnt hier nebenan, wir haben eine Verwundete bei uns im Hause."

Der Soldat sah Wera mißtrauisch an. „Sind alles Partisanen!" sagte er mit tartarischem Akzent. Dann glitt sein Blick auf Alfred, er musterte seinen braunen Kamelhaarmantel, spuckte aus und sagte: „Offizier! Wir haben Befehl, alle Männer von der Straße mitzunehmen!" Er faßte Alfred am Ärmel und zog ihn hinter sich her. „Marsch, in den Keller!"

Wera blickte ihn funkelnd an und sagte: „Ich danke dir, Brüderchen, das wollten wir ja auch, wir gehen in unseren Keller!" Sie nahm Alfred bei der Hand, als ob nichts wäre, und ging mit ihm unbehelligt davon. Allein wäre er niemals heimgekommen.

Ein paar Tage später stand Alfred wieder in seinem hellen Mantel auf der Straße, um Luft zu schnappen. Wera war glücklicherweise in seiner Nähe. Da kam ein russischer Offizier in Lederjacke, mit grüner Schirmmütze und Pistole in der Hand. Er erblickte Alfred und ging auf ihn zu. „Wer ist das?" fragte er.

„Das ist mein Mann!" antwortete Wera auf russisch.

„Funktionär ist er, ich nehme ihn sofort mit!" Er fuchtelte mit der Pistole direkt vor Weras Nase herum. Wera beteuerte, er sei kein Funktionär, er sei Gegner der Nazis gewesen und habe am Krieg nicht teilgenommen. Aber nichts half, der Mann blieb bei seinen Behauptungen. Plötzlich hatte Wera einen Einfall. Ganz unvermittelt fragte sie den Offizier, woher er sei.

„Aus Moskau."

„In Moskau habe ich einen Vetter, Ilja W. Er hat hier studiert und ist dann nach Moskau zurückgekehrt, er ist dort Professor für Nationalökonomie. Wir haben lange nichts mehr von ihm gehört."

Er riß den Mund auf und vergaß, ihn wieder zuzumachen. „Ilja Petrowisch war mein Lehrer, ihm verdanke ich sehr viel, er war mein väterlicher Freund.

Los, lauf, du bist frei!" Er schüttelte Wera und Alfred die Hände.

Hinter der nächsten Hausecke nahm Wera ihrem Mann den Mantel fort und sagte streng: „So, und deinen gelben Mantel ziehst du endlich aus, und du bleibst mir weg von der Straße!"

Hamsterfahrten

Der Krieg war endlich zu Ende. Die Menschen begannen, die Trümmer in ihren Wohnungen und auf den Straßen fortzuräumen. Wo man hinblickte, überall waren Ruinen, die Silhouetten der zerstörten und beschädigten Häuser sahen gespenstisch aus. Aber in den Nächten konnte man wieder schlafen. Das markerschütternde Heulen der Sirenen war verstummt. Zwar hungerten alle Menschen, aber sie schöpften neue Hoffnung auf ein neues Leben, und jeder half, die Trümmer der schlimmen Vergangenheit zu beseitigen. Allmählich brannte wieder Licht, und das Radio ertönte. Die Züge gingen zwar nicht regelmäßig, aber ab und zu gingen sie. Die Lokomotiven qualmten, weil sie mit Braunkohle geheizt wurden. Unermeßliche Scharen von Menschen drängten sich zu den Zügen, um aufs Land zu fahren und kärgliche Lebensmittel gegen

Silber, kostbare Teppiche und Kleider zu tauschen. Auch Wera und Alfred fuhren aufs Land. Wera wollte ihren Mann nicht allein fahren lassen, eingedenk der letzten Erlebnisse, und er nahm sie gerne mit, weil er wußte, daß auch die hartgesottensten Bauern ihrem Charme kaum widerstehen konnten. Sie hatten etwas Mehl und einen kleinen Sack Kartoffeln ergattert. Nun standen sie auf dem Dorfbahnhof in der Menschenmenge und warteten auf den Zug zur Rückfahrt. Ein junger russischer Soldat wartete geduldig mit. Wera ging zu ihm und begrüßte ihn auf russisch. Er strahlte, sie umarmten und küßten sich wie alte Freunde.

Eine Stunde nach der anderen verging. Kein Zug kam. Die Leute wurden unruhig, sie liefen hin und her und schimpften, sie wurden gereizt, manche fingen an, miteinander zu streiten. Der Russe blieb ruhig, er zeigte auf die Schienen und sagte: „Schienen da, also Zug wird kommen." Dann legte er sich gemütlich auf die Schienen schlafen. Wera blickte sehnsüchtig hinunter. Am liebsten hätte sie sich auch hingelegt. Aber sie setzte sich auf den Kartoffelsack und nickte ein. Alfred schaute auf Weras Gesicht und das völlig entspannte Gesicht des schlafenden Russen. In beiden Gesichtern war die gleiche Ruhe und Gelassenheit.

Nach einer Weile wachte der Russe auf, schaute sich erstaunt um und sah die Menge auf dem Bahnsteig.

Er ging ein Stückchen abseits, holte sich Reisig, das umherlag, und zündete es an, er kramte aus seinem Rucksack eine kleine verrußte Kasserolle und begann, eine Grütze aufzuwärmen. Als die Speise fertig war, rief er Wera, sie möge herunterkommen und Kascha essen. Wera ließ sich nicht lange bitten, sie stieg hinunter, setzte sich zu dem Soldaten, er putzte seinen Löffel am Ärmel ab und reichte ihn ihr. Sie löffelte den Rest der Speise, die ihr herrlich schmeckte. Beide saßen vor der ungeduldigen, wartenden Menge, als ob sie ganz allein seien auf der Welt und unterhielten sich über ihre ferne Heimat. Wera vergaß ganz, wo sie war.

Schließlich, nach stundenlangem Warten, hörten sie das Pfeifen der Lokomotive. Wera und der Russe standen auf und kletterten auf den Bahnsteig. Der Russe lächelte breit und sagte zu den Wartenden: „Zug kommt schon!"

Der Gemüsegarten

Die zerborstenen Fenster waren inzwischen mit Pappe, die man irgendwoher organisiert hatte, zugenagelt worden. Es war ziemlich dunkel in der Wohnung, aber es zog nicht mehr. Der Dreck wurde beseitigt, aber die ausgebrochenen Zwischenwände sahen bizarr aus. Die Möbel, sofern sie nicht total zerbrochen waren, wurden mühselig repariert und gesäubert.

Die Mieter des Hauses beschlossen, den Innenhof in kleine Parzellen aufzuteilen, und Gemüse zu pflanzen, denn es war noch nicht abzusehen, wann die Hungerzeit ein Ende haben würde. Alfred fragte Wera, ob sie mitmachen sollten, er war skeptisch, denn beide verstanden nichts von Gartenarbeit. Wera meinte, sie könnten es ja den anderen abgucken. So begann Alfred den märkischen Sand umzugraben. „Sieh mal, die andern tun Dünger darunter."

„Nein, das wollen wir nicht, das riecht nur", lehnte Wera ab.

Sie sahen zu, wie die Nachbarn Beete absteckten und schurgerade Rillen in die Erde zogen. Dann säten und pflanzten sie in genau abgemessenen Abständen. „Wir müssen es genauso machen", meinte Alfred.

„Nein, nur nicht, diese preußische Gründlichkeit bringt mich um, warum sollen die Pflanzen nicht wachsen, wie es ihnen paßt!" Wera säte und pflanzte alles kreuz und quer durcheinander und sogar übereinander.

„Du kannst nicht den Salat auf die Mohrrüben pflanzen, Wera, das geht nie auf!"

„Warum denn nicht, kommt das eine nicht, dann

kommt wenigstens das andere. Außerdem wachsen die Mohrrüben nach unten und der Salat nach oben. Und was du nur immer mit deinen Abständen hast, es muß jetzt eben alles näher zusammenrücken."

So machte sie es auch, Bohnen mit Tomaten, Kohl mit Spinat, Gurken mit Kohlrabi, es war ein wildes Durcheinander.

„Es wird kein Gemüsegarten werden, es wird ein Sodom und Gomorrha, wir machen uns zum Gespött der Nachbarn", protestierte Alfred. Aber dann ließ er Wera gewähren.

Die Leute schielten auf Weras Beete. Erstaunen und Schadenfreude war in ihren Augen. Sie ließ sich aber durch nichts beirren, und als sie fertig war, blieb sie andächtig stehen und betete, Gott möge dieses unwürdige Werk ihrer Hände segnen. Dann bekreuzte sie die Beete, wie es in Rußland der Priester tat, wenn er die Felder segnete. Alfred genierte sich, daß sie das so öffentlich tat.

Nach einer Weile beobachteten sie, daß die anderen fleißig in ihren Beeten arbeiteten, sie hackten, rupften, zupften Unkraut und gossen.

„Wir müssen es auch tun, Wera."

„Hast du schon mal gesehen, daß man an den Bäumen herumhackt? Und doch wachsen sie in den Himmel. Was soll ich denn rupfen, es sieht doch jetzt alles egal aus, nachher rupfe ich die Gemüsepflänzchen aus und lasse das Unkraut stehen. Nein, alles soll sich entwickeln, wir wollen das Wachstum nicht stören."

Wie staunten Alfred und die Nachbarn, als das Gemüse zu wachsen und zu wuchern begann. Wera erntete körbeweise Salat und Spinat, die Kohlköpfe schlossen sich zusammen, dann kamen Bohnen, Mohrrüben und Tomaten. Alles kam so im Überfluß, daß Wera und Alfred gerne davon abgaben. Die Leute blieben vor den Beeten stehen und fragten Wera. „Wie haben Sie das bloß gemacht, Sie verstehen wohl viel von Landwirtschaft?"

„Ach nein, eigentlich nicht, ich habe es zum erstenmal gemacht, mit Gottes Hilfe."

Die Lebenskunst

Das Leben ist wie eine Schaukel, mal ist man oben, mal ist man unten. Alfred hatte geschäftlich eine langdauernde Pechsträhne. Aufträge liefen nur spärlich ein, alte Rechnungen wurden nicht bezahlt. Er war tief deprimiert, er wußte nicht, wie er aus den unverschuldeten Schwierigkeiten herauskommen sollte. Wera blieb trotz der Not immer guter Laune. Sie ließ sich nicht unterkriegen. An einem Sonntagnachmittag, als Alfred trübselig da saß, kam die deklamierend herein:

„Ich werde singen, singen, singen,
will Ziege nicht noch Hase kränken.
Kann etwas uns zum Weinen bringen,
so kann es uns auch Lächeln schenken."

„Ist dir noch nach Singen zumute in unserer Situation?" fragte Alfred gereizt.

„Ja, Alfreduschka, du sitzt mit einer Leichenbittermiene, wie die Leute von einem Begräbnisinstitut. Es ist dicke Luft hier."

„Ich muß nachdenken, was der nächste Tag uns bringt."

„Ach, zermartere dir doch nicht deinen armen Kopf. Ich habe festgestellt, daß von deinem Denken bei uns alles nur noch schlimmer wird. Schiel doch nicht immer auf den nächsten Tag. Dieser eine Tag entschwindet dir unwiderruflich, ohne daß du ihn wirklich gelebt hast. Wieviel Geld haben wir denn noch?"

„Zehn Mark", sagte Alfred finster, „kannst du mir sagen, was wir damit anfangen sollen?"

„Ja", sagte sie, „wir gehen ins Kino!"

„Mußt du immer auf den Jubelhupf gehen, und morgen dürfen wir, wie man bei euch in Rußland sagt, das Gebiß in die Schublade legen, weil wir nichts zu beißen haben."

„Ach Alfred, die Not kann lang dauern, sie kann auch schnell vorübergehen, es ist eine Zeit der Prüfung, ob wir Vertrauen haben, laß uns doch am heutigen Tag die Sorgen vergessen und einfach fröhlich sein!"

„Ich weiß nicht, woher du diese Unbekümmertheit nimmt?"

„Das kann ich dir genau sagen", entgegnete Wera, „aus den Worten unseres Heilands, seid unbekümmert wie die Vögel im Walde und die Lilien auf dem Felde. Warum also sollen wir uns Sorgen machen, wenn Gott selbst uns zur Sorglosigkeit auffordert?"

Alfred ließ sich überreden. Unterwegs wurde sein Herz leichter, er mußte an das Märchen vom Igel und Hasen denken, und lachte in sich hinein. Wie er auch wetten mochte, Wera war immer vor ihm am Ziel. Wie sie das nur machte, und sie stand in der gleichen Not wie er. Sie kauften billige Kinokarten und hatten bis zum Beginn der Vorstellung fast eine Stunde Zeit. Sie schlenderten die Straße entlang und blieben vor jedem Geschäft stehen und betrachteten die Auslagen.

„Wie lange soll denn der Marsch noch dauern?" fragte Wera.

„Wir müssen Zeit herumbringen."

„Ja, aber dann lieber sitzend". Sie nahm Richtung auf ein Café.

„Wera, du kannst doch nicht die letzten fünf Mark ..."

„Sie retten uns auch nicht." Sie tranken ein Tasse

Kaffee. „Ich habe Appetit auf Würstchen, du auch, Wera?"

„Ja, Mama", sekundierte Klein-Wera.

Alfred standen die Haare zu Berge. „Was denkst du dir eigentlich, Wera, wir kommen in tollste Verlegenheit!"

„Bezahl bitte, Alfreduschka. Wieviel Geld ist nun übriggeblieben?"

„Fünfzig Pfennig, kannst du mir nun sagen, wie das weitergehen soll?"

„Warte es doch ab, Alfred, und laß deine Sorgen!"

Im Kino vergaßen sie für zwei Stunden ihre Not. Als sie heimkamen, hatten sie Hunger. Alfred öffnete die Tür zum Vorratsschrank, in dem wenig Ordnung herrschte, und der bis an den Rand mit Lebensmitteln und Konserven vollgestopft war. Es entstand ein ungeheures Getöse. Einmachgläser kullerten heraus und zerbrachen, eine Dose fiel auf Alfreds Kopf. Er schimpfte fürchterlich. Wera und Klein-Wera kamen bei dem Lärm angelaufen. „Was ist los, Papachen, hast du dir weh getan?"

„Solche Schlamperei, nicht einmal einen Schrank kann man öffnen, ohne daß es ein großes Durcheinander gibt!" Alfred bückte sich und sammelte die Büchsen auf. Darunter war eine leere Blechdose. Sein Zorn flackerte erneut auf. „Sogar leere alte Dosen bewahrst du auf, statt das Gerümpel fortzuwerfen!"

Wera hörte das Wort von der leeren Dose und
stürzte zu Alfred. „Wo ist die offene Dose?"
Alfred ahnte etwas Ungewöhnliches, etwas mußte
also mit der Dose los sein. Er schaute hinein. Um
ihre Innenwand ringelten sich Geldscheine.
„Bitte, gib sie mir!" bat Wera. Sie ergriff die Dose
mit dem gesparten Geld, kniete nieder und bekreuzigte sich. „Danke dir, lieber Herr! Alfred, ich
glaubte, ich hätte die Dose verloren, seit Monaten

konnte ich sie nicht mehr finden. Siehst du, der liebe Gott hat sie uns bis auf den heutigen Tag aufbewahrt." Sie zählten still und andächtig das viele Geld. Alfred mußte sich ausgiebig die Augen wischen. Wera streichelte seine Hand.

Dieser Tag brachte eine Wende. Der Postbote kam und legte Geld auf den Tisch, es waren alte überfällige Rechnungen, und es kamen wieder Aufträge. Alfred vergaß diesen Tag nie.

Reisen auf Russisch

Es war ihre erste Reise nach dem Krieg. Sie flogen von Berlin nach München, von dort wollten sie mit dem Balkanexpreß nach Spittal. Sie hatten das gesamte Gepäck bis auf ein kleines Köfferchen aufgegeben. In München regnete es Bindfäden. Natürlich waren die Schirme, wie es sich bei Wera gehörte, im aufgegebenen Gepäck. Alfred schimpfte, aber es half nichts. Der Münchener Bahnhof war zu jener Zeit noch nicht überdacht. Ganze Eimer ergossen sich auf die Wartenden. Sie waren total durchnäßt. Schließlich kam der Zug. Alfred sprang hinein, und es gelang ihm, ein leeres Abteil zu ergattern. Wera und Klein-Wera machten es sich bequem. Wera zog sich seelenruhig die nassen Schuhe und Strümpfe aus und hängte sie ins Gepäcknetz, sie ließ die nackten Beine baumeln, um sie an der Luft zu trocknen. Ein Herr kam herein, legte sein Gepäck ins Netz und eine Zeitung auf seinen Platz. Dann ging er wieder hinaus.

„Wera, du kannst hier keine Wäsche aufhängen, wir sind in Deutschland und nicht in Asien!" sagte Alfred streng.

„Aber wir sind hier im Balkanexpreß! Bitte, gib mir doch die Handtücher aus dem kleinen Koffer, Alfreduschka! Ich möchte mich abtrocknen."

„Ein Handtuch wird doch wohl genügen!"

„Nein, ich brauche alle drei." Sie trocknete sich die Haare, als ob sie ganz allein sei im Zuge und drehte sich aus dem Handtuch einen Turban, dann rieb sie sich die Füße trocken, legte sie auf den Sitz gegenüber und bedeckte die Beine mit je einem Handtuch. Alfred rang in Verzweiflung die Hände, auch Klein-Wera genierte sich sehr.

„Stellt euch doch nicht so an, ihr habt wohl noch nie russische Fußlappen gesehen?"

„So kannst du unmöglich hier sitzen!"

„Doch, du willst doch nicht, daß ich mich erkälte?"

In diesem Augenblick kam der Herr herein, er hatte eine dicke Zigarre im Mund. Als er Wera sah, fiel ihm beinahe die Zigarre aus dem Mund. „Verzeihung", stotterte er, „ich bin hier wohl nicht richtig, ich wollte ins Raucherabteil."

„Doch, Sie sind goldrichtig, das ist ein Raucherabteil!" sagte Alfred sarkastisch.

„Nein, nein, ich wollte ja nicht rauchen, ich wollte in Nichtraucher." Er ergriff seine Zeitung und den Koffer und verschwand. Alfred bekam einen roten Kopf. „Ich kann doch nicht dafür, daß die Leute so zimperlich sind", meinte Wera. Viele Menschen gingen an Weras Abteil vorbei, sahen hinein, und gingen dann weiter.

Als sich der Zug in Bewegung setzte, kam der Schaffner. „Gnä' Frau haben wohl kranke Füße? Na, das werden wir gleich haben." Er bastelte an der Tür und verstellte einige Platznummern, dann zog er die Gardinen vor. „So, gute Nacht, sie werden ungestört schlafen."

Alfred ließ in seine Hand ein großes rundes Silberstück gleiten. Seine Laune besserte sich von Kilometer zu Kilometer.

Die Silberhochzeit

Fünfundzwanzig Jahre waren Alfred und Wera verheiratet. Sie waren durch gute und durch schlechte Zeiten gegangen, es wurde ihnen nichts erspart, sie waren heil durch den Krieg gekommen, und ihre Liebe zueinander war unverbraucht. Wera hatte den Wunsch, die silberne Hochzeit mit einer kirchlichen Feier zu begehen. Alfred genierte sich. Ihm waren alle Feierlichkeiten unangenehm. Wera aber wünschte sich sogar eine Hochzeitskutsche. Eines Tages sagte sie: „Wir wollen doch mal über unsere Silberhochzeitsfeier sprechen."

„Was ist da zu sprechen, es ist ein Tag wie jeder andere. Wir werden ihn eben mit Dolina und Bobik und einigen unserer besten Freunde zu Hause begehen."

„Das natürlich, ich meine ja jetzt die kirchliche Trauung."

„Wir sind doch schon einmal getraut, und das genau vor fünfundzwanzig Jahren. Eine zweite Trauung ist unmöglich, dazu müßtest du mich schon zur Kirche schleifen."

„Du brauchst nicht hinzugehen, und es wird dich auch niemand zur Kirche schleifen, wir nehmen eine weiße Hochzeitskutsche mit weißen Pferden!"

Alfred wurde heiß und kalt, er kannte die Beharr-
lichkeit seiner Wera.

„Hast du vielleicht etwas gegen weiße Pferde, wenn
du willst, können wir natürlich auch graue nehmen", schlug ihm Wera vor.

„Das wird nur ein Gaudium für die ganze Straße!"

„Natürlich, sie haben so wenig Freude, sollen sie
sich doch freuen!"

Alfred resignierte. Er wußte, was Wera sich in den
Kopf gesetzt hatte, das wurde durchgeführt, da
gab es kein Entrinnen.

Wera ging zum Pfarrer und organisierte alles. Der
Hochzeitstag brach an. Alfred umarmte sie, dankte
ihr für alle Liebe und Treue und für den Mut, den
sie ihm gab, wenn er verzagt war, und schenkte ihr
einen Strauß roter Rosen. Er fürchtete sich sehr
vor dem, was nun kommen würde.

Wera kleidete sich an. ‚Was wird sie anziehen',
dachte er, ‚hoffentlich nicht großen Schleier und
Myrtenkranz!' Ihr Hochzeitskleid mit allem Zube-
hör hatte Wera nämlich durch den Krieg hindurch
gerettet und bewahrte es sorgfältig auf. Aber sie
kam in einem schwarzen Kleid zu ihm und trug
ein kleines Silberkränzchen im braunen Haar. Alfred atmete erleichtert auf.

Vor der Haustür stand wirklich die weiße Hochzeitskutsche mit zwei weißen Pferden. Wera lief
fröhlich die Treppen hinunter, Alfred hatte Mühe,

ihr zu folgen. Es war ein Spießrutenlaufen, er machte ein undurchdringliches Gesicht und vermied es,
die neugierigen Nachbarn, die durch die Türspalten
guckten, zu grüßen. Dolina, Bobik und Klein-Wera
gingen hinter ihm her. Als sie auf die Straße kamen,
standen die Nachbarkinder mit Blumen in den Händen Spalier und schrien: „Hurra – Hurra – Hurra!"

Alfred blickte sich scheu um. Aus allen Fenstern schauten Neugierige. Es war für Alfred wie ein Alptraum. Sie stiegen in die Kutsche, die Freunde folgten in Autos. Einigen Kindern gelang es, sich in die Hochzeitskutsche hineinzuzwängen, einige kletterten auf die Trittbretter.

„Alfreduschka, schlage du vor, wie wir fahren sollen, ganz langsam oder im Galopp?"

„Im Galopp, damit der Spuk ein schnelles Ende hat!"

Der Kutscher knallte mit der Peitsche, und die Pferde setzten sich in Trab. In der Kirche knieten sie vor dem Altar. Der Pfarrer las Weras Leitspruch aus dem ersten Brief an die Korinther: „Und wenn wir mit Menschen- und mit Engelzungen redeten, und hätten der Liebe nicht, so wären wir ein tönendes Erz und eine klingende Schelle ..." Wera hielt Alfreds Hand und drückte sie.

Als sie aus der Kirche traten, trug Alfred seinen Kopf hoch, die Sonne schien, und alles schien ihm verwandelt. Wie schön war doch das Leben, wenn man es mit den Augen der Liebe ansah. Wieder bestiegen sie die Kutsche. „Fahren Sie bitte jetzt ganz langsam", sagte Alfred glücklich zum Kutscher. Wera lächelte verklärt, diese fünfundzwanzig Jahre waren wie ein Tag.

Zu Hause saß Alfred unter den Ikonen auf dem Sofa. Sein alter treuer Hausarzt neckte ihn. „Na, wie fühlt man sich, wenn man so ein halbes Leben verheiratet ist?"

„Gut fühlt man sich, man läßt das Leben an sich vorüberziehen, die guten und die bösen Ereignisse, und man ist dankbar. Ich sage zu dem Guten und zu dem Unguten ja, denn an allem sind wir gewachsen, vielleicht an der Not noch mehr, denn sie hat uns noch inniger verbunden. Eines habe ich allerdings nicht erreicht. Als ich Wera heiratete, da dachte ich, ich werde schon allmählich aus ihr eine gute Preußin machen. Nun, das ist mir nicht gelungen, sie war wohl stärker. Stattdessen bin ich derweilen ein halber Russe geworden."

Alfred lachte, und der Doktor lachte auch. „Na, Herr Scharwächter, untertreiben Sie nicht, so wie ich Sie sehe, sind sie jetzt ein Russe im Quadrat!"

Großdruckbändchen

Sicher hat Ihnen die Erzählung „Ich heiratete eine Russin" gut gefallen, und Sie möchten weitere Bücher aus der Reihe „Großdruckbändchen" kennenlernen.

Sie finden in dieser beliebten Buchreihe: kleine Romane, heitere Erzählungen, Biografien bekannter Menschen und gut zusammengestellte Anthologien mit kurzen Beiträgen zum Vorlesen.

Alle Bücher in großer klarer Schrift — eine Erleichterung für müde Augen, die nicht nur die älteren Leser, sondern auch alle „Viel-Leser" dankbar empfinden.

64 Seiten DM 4,50 — 96 Seiten DM 5,50 — 160 Seiten DM 7,50; alle Bändchen illustriert und in Efalin gebunden.

Hanna Barnhelm, Da der Sommer geht (Anthologie) DM 4,50
Hanna Barnhelm, Verborgene Fülle (Anthologie) DM 4,50
Charlotte Hofmann-Hege, Die Berliner Reise (Erzählung) DM 4,50
Gertrud Kurz, Wanderndes Volk (Kurzgeschichten) DM 4,50

Paul Gallico, Peppino (Zwei Erzählungen) DM 5,50
Lise Gast, Der alte Trostdoktor (Erzählung) DM 5,50
Lise Gast, Die alte Mühle (Erzählung) DM 5,50
Lise Gast, Gute Reise Tante Britta (Erzählung) DM 5,50
Lieselotte Hoffmann, Heiterer Herbst (Biografie) DM 5,50
Lieselotte Hoffmann, Der Posaunengeneral (Biografie) DM 5,50

Margret Herl, Nicht über deine Kraft (Familienroman) DM 7,50
Wladimir Lindenberg, Bobik (Biografischer Roman) DM 7,50
Wladimir Lindenberg, Bobiks Reisen (Biografischer Roman)
    DM 7,50
Wladimir Lindenberg, Trauer und Tränen werden vergehen
    (Biografischer Roman) DM 7,50
Hans Lipinsky-Gottersdorf, Wanderung im dunklen Wind
(Erzählung) DM 7,50